金融精英卓越计划系列

金融不死

用好金融工具，破解经济困局

Can Finance Save the World?

Regaining Power over Money to Serve the Common Good

[法] 伯特兰·巴德尔　著
(Bertrand Badré)
隋钰冰　译

中信出版集团 | 北京

图书在版编目（CIP）数据

金融不死：用好金融工具，破解经济困局 /（法）伯特兰·巴德尔著；隋钰冰译．-- 北京：中信出版社，2019.5

（金融精英卓越计划系列）

书名原文：Can Finance Save the World？：Regaining Power over Money to Serve the Common Good

ISBN 978-7-5217-0119-7

Ⅰ．①金… Ⅱ．①伯… ②隋… Ⅲ．①金融学 Ⅳ．①F830

中国版本图书馆 CIP 数据核字（2019）第 033608 号

金融不死：用好金融工具，破解经济困局
（金融精英卓越计划系列）

著　　者：［法］伯特兰·巴德尔
译　　者：隋钰冰
出版发行：中信出版集团股份有限公司
（北京市朝阳区惠新东街甲 4 号富盛大厦 2 座　邮编　100029）
承 印 者：北京通州皇家印刷厂

开　　本：787mm×1092mm　1/16　　印　　张：17.5　　字　　数：205 千字
版　　次：2019 年 5 月第 1 版　　印　　次：2019 年 5 月第 1 次印刷
京权图字：01-2018-8110　　广告经营许可证：京朝工商广字第 8087 号
书　　号：ISBN 978-7-5217-0119-7
定　　价：58.00 元

推荐语

不论你是否同意，伯特兰·巴德尔都撰写了一本关于金融未来的非常重要的书。他为全球金融伦理提供了一个令人信服的视角，让当前的政治辩论显得琐碎而轻率。

——劳伦斯·H. 萨默斯（Lawrence H. Summers），哈佛大学查尔斯艾略特大学（Charles W. Eliot University）教授

伯特兰·巴德尔和其他人一样，知道是什么让人们对金融领域的幻想破灭。他撰写这本重要而具有煽动性的书的目的就是为我们指明一个新世界。在这个新世界里，金融不再是威胁，而是秩序、稳定、信任、增长和更大程度平等的仆人。

——以埃兹拉·苏莱曼（Ezra Suleiman），普林斯顿大学政治学教授及国际研究IBM（国际商业机器公司）教授

伯特兰从金融体系内部亲自见证了金融危机，并从中吸取了重要的教训。更重要的是，这本书向我们展示出有些事情其实是可以做到的，但需要我们付诸实践，而不是纸上谈兵。

——里卡多·厄恩斯特（Ricardo Ernst）博士，乔治城大学麦克多诺商学院全球商务巴拉塔（Baratta）主席及运营与全球物流教授

这本书是一记警钟，是一位专家对支持旨在改善生活的新兴革命的必要性进行的有价值的概述。

——罗纳德·科恩（Ronald Cohen）爵士，国际社会影响力投资领导小组（Global Social Impact Investment Steering Group）主席、安佰深集团（Apax Partners）联合创始人

金融为什么在我们这个时代会成为如此强大的力量呢？这本书是每一位有兴趣了解这个问题的人的必读书。金融能拯救世界吗？也许会，但它也会阻碍世界。巴德尔的洞察力体现了国际金融领域敏锐的才智与丰富的实践经验的罕见结合。

——马苏德·艾哈迈德（Masood Ahmed），全球发展中心（Center for Global Development）主任

这本书强烈呼吁全球领导人采取行动，重塑公共、私营和社会部门合作的方式，并描述了金融在联合跨越政治和社会经济边界的利益相关者时所能发挥的重要而出人意料的作用。

——鲍达民（Dominic Barton），麦肯锡（McKinsey & Company）全球总裁

每个人都说，我们需要更多的公共投资。每个人都说，公共部门和私营部门必须合作。然而却没有人告诉我们怎样去做——直到巴德尔在这本书中详细地、有如神助一般地告诉我们如何去做。

——亚当·S.波森（Adam S. Posen），彼得森国际经济研究所主任

这是一本丰富多彩的、正视问题的、引人注目的书！伯特兰·巴德尔提出了重塑国际金融架构、动员全球资金流动以推动包容性增长的理由。在我们继续努力应对全球金融危机的遗留问题之际，这本书呼吁我们所有人都行动起来。

——安吉尔·葛丽娅（Angel Gurría），经济合作与发展组织（Organisation for Economic Co-operation and Development）秘书长

伯特兰·巴德尔提出了一个令人信服的观点，即金融机构——尤其是多边开发银行，可以帮助人类战胜一些最大的挑战，包括气候变化和建立更公平的社会的诉求。他的书对关于发展金融的辩论而言是一项有价值的贡献。

——路易斯·阿尔韦托·莫雷诺（Luis Alberto Moreno），美洲开发银行（Inter-American Development Bank）行长

伯特兰·巴德尔关于国际金融的富有创造性和洞察力的书从实践和道德层面全面描绘了这项至关重要的社会工具。

——约翰·D.内格罗蓬特（John D. Negroponte），美国常驻联合国前代表及前副国务卿

从概念基础上来看，金融和其他人类活动一样，为人类的公共利益服务。伯特兰·巴德尔在这本简单易懂的书中描述了人类有能力使用而且应该使用的工具，以探索和应对我们今天面临的挑战，在这个过程中，我们应当把金融作为一项工具，而不是将其终结。这是一份鼓舞人心的、具有实践意义的号召，号召我们在世界的十字路口选择正确的道路。

——胡伯特·乔利（Hubert Joly），百思买（Best Buy）董事长及首席执行官

长期以来，我一直坚信，如何更高效地利用私营部门以及如何在使用资本方面进行创新，是开启发展之门的两个关键要素。伯特兰·巴德尔不仅将这些作为中心主题贯穿于这本论证充分的书中，而且更令人印象深刻的是他大胆的行动，他将理论中讨论已久的东西付诸现实生活和具体行动。这就是我为支持他以及Blue like an Orange（蓝如橙色）可持续发展基金而感到骄傲的原因。

——奥利维尔·高德特（Olivier Goudet），JAB资本集团（JAB Group）首席执行官及百威英博公司（Anheuser-Busch InBev）董事长

伯特兰·巴德尔为金融提供了一种历史视角。金融就像科技一样，它本身既不好也不坏。但是，在私人金融机构、国际组织、政府和慈善机构之间建立明智的伙伴关系可以产生令人难以置信的结果。为了帮助我们了解这些合作关系是如何被构建的以及被驯化的金融机构可以发挥的关键作用，他借鉴了自己在公共部门和私营部门的丰富经验。这是一本发展金融共同体的必读书。

——凯末尔·德尔维什（Kemal Dervis），布鲁金斯学会（Brookings Institution）全球经济与发展（Global Economy and Development）总监及联合国开发计划署（United Nations Development Programme）前署长

在这个充满不确定性和民族主义日益增长的时代，巴德尔为金融内在的全球化本质和金融作为一种有益工具的能力提供了强有力的论据。

——阿古斯丁·吉列尔莫·卡斯滕斯·卡斯滕斯（Agustín Guillermo Carstens Carstens），墨西哥中央银行（Banco de México）行长

伯特兰·巴德尔凭借深厚的专业知识、广泛的实践经验，并借助深思熟虑的内部人士的有利地位，向我们提供了重要的见解，他告诉我们社会可以怎么做——应该怎么做——才能重新控制两极化的金融体系，为全世界更多的人提供更加美好、更加可持续的结果。

——穆罕默德·埃尔-埃利安（Mohamed El-Erian），安联集团（Allianz）首席经济顾问、太平洋投资管理公司（PIMCO）前首席执行官、《央行是当今世界的唯一玩家》（*The Only Game in Town*）作者

在澳大利亚主持工作期间，巴德尔和我致力于推动G20（20国集团）基础设施议程，我们所推动的想法也是这本书的核心思想。这些想法至关重要，但这本书的内容与尝试、实践这些想法相关。这是一项真正的行动号召。

——尊敬的乔·霍基（Joe Hockey），澳大利亚驻美国大使、澳大利亚财政部前部长、G20前主席

这是一幅强有力的集体行动蓝图。在日益高涨的经济民族主义浪潮中，巴德尔为应对气候变化、流行病、基础设施和水资源供应不足，以及难民危机等一系列前所未有的全球性威胁提供了解决方案。他借助自己的新事业——Blue like an Orange可持续发展基金，正在践行自己所宣扬的理念，重新将金融塑造成一种平衡我们中间弱势群体的力量。

——安东尼奥·韦斯（Antonio Weiss），哈佛大学肯尼迪学院高级研究员

这本书与众不同，令人耳目一新。作者对金融体系的缺陷和可能性有着深刻的理解，他对所发生的错误进行了冷静的分析。然而不仅如此，这本书走得更远，为我们提供了一种建设性的观点，即如果我们超越了事后的剖析，并记住了金融对经济和社会发展的巨大潜力，那么我们能取得什么成就。的确，他主

张在我们的金融体系中开展正确的创新是解决当今众多全球性问题以及创造更公平世界的一项不可或缺的因素。

——克劳斯·施瓦布（Klaus Schwab），全球经济论坛（World Economic Forum）执行主席

金融危机后，金融改革的努力集中在如何使全球体系更加安全，使金融危机“不再发生”方面。不同于此，伯特兰·巴德尔提出了一项前瞻性的挑战，即除了促进经济增长外，还希望让金融有效地为社会和环境发展所带来的更广泛利益服务。

——约翰·利普斯基（John Lipsky），约翰霍普金斯大学高级国际研究学院（Johns Hopkins School of Advanced International Studies）高级研究员及国际货币基金组织（International Monetary Fund）前第一副总裁

伯特兰·巴德尔在分析金融对于实现可持续发展目标的作用中扮演了关键角色。我们都同意，前进的道路不会“一如往常”。这就是为什么这本书如此有用、重要和及时的原因，因为它提供了一份如何在多元利益相关者社会中激发行动的指南。

——夏洛特·帕特里·葛尼兹卡（Charlotte Petri Gornitzka），经济合作与发展组织发展援助委员会（Development Assistance Committee）主席

伯特兰提出了一个雄心勃勃的计划，但我认为这完全是可行的，这个计划为通过公共和私营金融市场实现共同的人类目标指明了道路。他提出了一个有力的论点，解释了为什么让金融领域肩负起帮助实现全球目标的责任以及帮助消除不平等日益加剧的“癌症”的责任是其最佳的和最有利于自身利益的选择。

——雷·钱伯斯（Ray Chambers），联合国秘书处2030年议程和疟疾问

题特使（UN Secretary-General’s Special Envoy for Health in Agenda 2030 and for Malaria）及卫斯瑞投资公司（Wesray Capital Corporation）前主席

为了建立一个包容的世界，伯特兰提出了如何将金融作为一种力量来促进善与包容的想法。社会的不安会导致很多国家出现政治危机，而这种包容性将通过帮助人类解决一些最紧迫的问题（包括全球变暖、流行病和不平等）来大大减少这种不安。

——保罗·德马雷三世（Paul Desmarais III），鲍尔集团（Power Financial Corporation）高级副总裁及Portag3风险投资公司（Portag3 Ventures）和萨加德控股公司（Sagard Holdings）首席执行官

这本书满怀激情地呼吁领导力和联合行动。正如巴德尔提醒我们的，金融不是一种盲目的、无法控制的力量。金融本身没有好坏之分，而是我们是否利用得当——并且，今后，我们将不得不大量使用这一工具，并尽可能明智地掌控我们共同面临的全球挑战。

——沃纳·霍耶（Werner Hoyer）博士，欧洲投资银行（European Investment Bank）行长

伯特兰将他在金融体系核心部门30多年的工作中积累的关键性专业知识引入了这部出色的作品中。我们都有责任确保国际金融体系的持续运行，并让这个体系为社会服务，而不是反过来。

——马克·卡尼（Mark Carney），英格兰银行（Bank of England）行长及G20金融稳定委员会（Financial Stability Board，简称FSB）主席

目录

序一 埃马纽埃尔·马克龙

（法国总统）

我们常常听到人们对金融做出草率而绝对的评价。对一部分人来说，金融是人民的敌人，因为金融剥夺了他们的主权。而对另一部分人来说，金融是人类贪婪的具体表达；它仅仅是一种可支配的工具，使我们有可能在不付出努力的情况下创造价值，或是不需要生产就能积累财富。对剩下的那一部分人来说，金融已经成为一种宗教，在它的面前，人类社会应该跪拜朝圣。然而，这些具有讽刺意味的描述都没有道出真谛。他们没有意识到金融包罗万象，也并没有认识到金融只是一种为人类目的服务的手段。我们必须利用金融，而不是为金融服务。

从本质上讲，金融并没有约束我们：它让我们肩负责任。这是我与伯特兰·巴德尔多年来经常共同探讨的问题，也是他在这部优秀的作品中强调的事实。在巴德尔的整个职业生涯中，他有幸见证了很多改变世界的事件，如贸易加速发展、经济逐步一体化、新挑战以及新风险的出现，特别是来自环境方面的挑战和安全方面的威胁。

在这本书中，他分享的想法是呼吁大家果断采取行动。

的确，最近的历史表明，我们已经做出了集体选择——不采取行动。以《布雷顿森林协定》（Bretton Woods Agreement）、马歇尔计划和重建欧洲的开端为基础，第二次世界大战后我们经历了几十年的繁荣并形成了一个稳定而有组织的金融体系。然而，这个周期随着美元与黄金可兑换性的暂停而被打破，紧接着出现了第一次能源危机。在经历了这次冲击和随之而来的滞胀后，20世纪80年代的保守主义和新自由主义革命开创了人类经济史上的一个新时期。在这个时期，我们实现了经济增长和巨大的发展。但通过释放资本流动、大幅减少监管以及扩大公共债务和私人债务，政府最终放弃了让金融服务于更大目标的权力，或者放弃将金融作为一项行动工具。2007年，金融危机突然揭开了这个有害体系的面纱。金融危机所造成的政治和社会混乱以及金融危机加剧产生的裂痕是暴力的结果。然而，如果我们就此断定这场危机破坏了金融本身的声誉，那将是一个严重的错误。我认为，这是一种误解。此次危机的关键教训是，我们亟须重新控制全球金融体系，特别是亟须应对三大全球性的挑战。

第一个挑战是环境。我相信，必要的生态转型首先是经济转型。在美国总统似乎已经放弃这场战斗之际，法国和欧盟必须明白，它们的责任更加重大。为了取得成功，我们必须加快动员私营部门和公共部门的行动者、政治家与社会公民。同时，要获得成功我们还需要大量使用全球储蓄，以转变生产模式，并为环境的创新创造条件。最后，重要的是，我们要重构金融体系，使其能够更好地整合生态需求。金融是我们可以取得进展的领域，如利用金融来考量长期因素，评估外部性（尤其是碳价格），以及让经济参与者承担责任。在这些事项上，法国认可金融的作用，并站在行动的第一线。巴黎金融中心正在执行这样的战略和游戏规则，并力争成为绿色金融领域的国际领导者。我也将鼓励这一运动，支持建设一个有价值的金融体系。

第二个挑战是创新。我们已不再像30年前那样，处于一个急功近利、大项目层出不穷的经济环境中。我们的发展路线不再是模仿国外创造的产品，尽管这种方式存在于发达国家和世界各国的创新中。这种新兴模式的力量和能量在于，它能够让企业与数百万用户结成联盟，这样就能形成一种强大的去中心化和更加水平化的经济。在这种经济中，创造就业和鼓励企业增长的持续投资成为一个待解决的问题。数字革命正暴露出自己处于金融周期的核心，因此，其释放的能量似乎是无限的，而这种影响是巨大的，并且会为人们敲响警钟。然而，他们必须让所有人受益。在这场战斗中，我们必须为这项任务提供资金支持，但所需要的投资超过了政府的能力。因此，公共部门和私营部门之间的合作需要新的方法和新的工具，仅仅更好地监管是不够的！我们还必须在金融领域进行创新，以使所有地区和所有的行动者都能从进步的浪潮中获益。这样的创新正在一个崭新的框架下展开。伯特兰·巴德尔回忆起与罗纳德·科思爵士的一次交流："19世纪是回报的时代，20世纪是风险和回报的时代，21世纪是风险、回报和影响力的时代。"在法国，投资处于我所推行的经济政策的核心。在更广泛的层面上，投资也是欧洲作为一个整体面临的重大挑战，我们需要更多地进行投资，更好地加速数字革命的进程，并勇敢地走向新经济时代。

第三个挑战是发展。发展的需求巨大，但从未像现在这样迫切。气候的变化、移民的增加以及与流行病相关的前所未有的风险都要求我们迅速采取行动，调动必要的资源。同样，单靠公共机构无法应付这一全球性的挑战。我们有资金，但分配不佳。这里，重要的是，我们要重塑国际合作的形式，通过使其适应新的需求来更新多边工具，同时鼓励私营机构为大众利益承担风险——在最需要的地方大量进行投资。

环境、创新和发展这三个全球性挑战是我们在经历10年危机后必须去设想和建立的新范式的核心。这一切都表明，如果没有金融，我们就无法应对这些挑战，尽管金融是有用和负责任的。拒绝让金融体系为我们服务，就等同于放弃行动，为我们的集体失败准备条件。当然，这本书既没有提供所有的答案，也没有提供所有的解决方案。但它让我们能够直面宿命论者、衰退的追随者以及所有那些想象或暗示我们已经被解除了战斗武装的人。是的，金融可以帮助我们拯救世界，让我们行动起来为自己去争取吧。

序二 戈登·布朗

（英国前首相）

在揭示全球化给我们带来的挑战方面，伯特兰·巴德尔做出了鲜有人及的努力。同时，在应对全球化的过程中，关于如何代表最需要帮助的人提出更加积极的建议，他也是一位先锋。他先是担任了世界银行的首席财务官，随后又成为一名鼓舞人心的设计师，提出了“从数十亿到数万亿”的建议，这一建议在亚的斯亚贝巴会议（Addis Ababa Conference）上被同意作为可持续发展目标的资金支持手段之一。现在，作为这本新书的作者，他通过管理国际金融的计划向我们提出挑战，向我们介绍全球化的新思维，并向我们提出了如何让全球化为世界上最贫穷的人服务的建议。

迪安·艾奇逊（Dean Acheson）谈到了自己先后作为美国外交官和国务卿在推动1945年之后世界新体制的演变过程中所扮演的角色。他说，1945年之后的世界感觉就像“才刚刚创建一样”。当时的任务是为由各独立的民族国家构成的世界建立一个多边机构。而现在，在新的千禧年之后，世界成为相互依存的整体，我们需要一个应对全球性问题的全球性解决方案。巴德尔和其他主要经济学家正在为这个尚且年轻的世纪创建一种联系更加紧密的新的全球性框架，或者说至少他们正在努力创建这种框架。

世纪之交的新思想对富有开创性的“千年发展目标”的提出产生了影响，这些目标于1999年启动，科菲·安南（Kofi Annan）时任联合国秘书长，他呼吁建立一个具有共同价值观的全球契约。安南在一次富有远见的演讲中指出，市场的扩张速度正在超出社会和政治体系对其进行调整的能力。他警告说，全球化是脆弱的，它很容易受到来自保护主义、民粹主义、民族主义、民族沙文主义、狂热主义和恐怖主义……的强烈反对，成为极端主义分子宣泄不满情绪的手段。这也促使他提出了应对贫困、营养不良、疾病、文盲和不平等的新方法。[1]

安南所倡议的行动于2000年正式启动，并与实现千年发展目标的承诺同时公布。然而，在遭遇了2008年的全球金融危机以及了解了共同合作以应对全球气候变化的紧迫性之后，我们不得不重新思考、调整和精简这些目标。在这本书中，巴德尔描绘了全球思维的进化过程。

正如巴德尔所说，金融是一个好仆人，但却是一个糟糕的主人。全球金融衰退暴露了这样一个现实：尽管我们拥有全球性银行和金融机构，但它们却没有受到纯粹的国家监管体系的充分监督。但是，这场危机提出了更为深刻的问题：它对金融市场可以进行自我调整的观点提出了挑战，而且涵盖了方方面面，迫使世界各国领导人同意进行有史以来规模最大的救援行动。

为了支持世界经济的复苏，全球共同投入了1万亿美元的拨款、贷款和贸易支持担保，但正如巴德尔所建议的，要把救援行动变成一项修复世界金融体系的行动，我们还需要做更多的工作。即使全球金融稳定委员会的措施深得人心，也没有人能确定我们已经做了足够多的事情来保护自己免受下一次金融危机的冲击。

从2009年12月哥本哈根气候变化峰会的失败到2015年12月巴黎会议的成功，我们意识到必须开发新的思路来减少全球碳排放。在亚的斯亚贝巴会议中，伯特兰·巴德尔扮演了非常重要的角色，这些努力带来的一部分成果也被纳入2015年9月联合国一致同意的可持续发展目标中。现在，新的可持续发展目标把经济增长、社会公正和环境可持续性作为相互补充而不是相互对立的目标。但我们仍然面临着这样的问题，即如何才能在财政困难时期实现这些目标，以及需要在多大程度上加强必要的多边协调。

尽管我们都认同世界是相互联系和相互依存的，但由于贸易保护主义和国际经济支持与援助的减少，我们应对紧急问题的集体能力已经被削弱。正如联合国全球契约组织（UN Global Compact）前主席乔治·凯尔（Georg Kell）最近所提出的，必须再次为多边主义辩护。也许在每一代人中，我们都必须重新提出协调多边行动的理由。没有什么时候比现在更加真实了，而重塑多边主义正是巴德尔在他的一系列文章中期望实现的：他们着手开发更好的公共利益融资方式，以使得金融不再是对全球经济稳定的一种威胁，而是解决经济和社会问题的关键所在。

巴德尔对全球化的含义以及如何更好地管理全球化进行了分析，这些内容支持他所强调的加强全球合作紧迫性的新思想。全球化可以从许多方面来描述：有些人认为，全球化只是一种经济现象；有些人认为，全球化是一种文化现象——我们吃着同样的食物，我们看同样的电视节目，等等；另一些人则认为，全球化只是资本主义经济发展和市场发展的新阶段。

然而，如果我们首先认识到我们最近在国际经济中所看到的剧烈变化，那么我们就能更加理解由此产生的不满，更加理解那些相信加强全球合作的人必须克服的挑战。

当然，我们已经看到一场始于20世纪80年代的通信革命让我们实现了无缝的跨境连接，而其他两项重大革命在这一时期席卷世界，让资本的国内流动变为全球流动，让商品和服务的国内采购变为全球采购。这些变化对现代经济的工业和就业结构产生了巨大的影响。工业变革降低了矿业和制造业在现代经济中所占的比重，而在英国工业革命鼎盛时期，这一比例曾高达40%。泰勒·考恩（Tyler Cowan）教授指出："在美国，从事制造业的劳动力比例在20世纪70年代高达25%～27%。20世纪60年代中期，瑞典制造业的就业人数占劳动力总数的33%左右，而德国制造业的就业人数在20世纪70年代增长了40%。1989年，韩国的制造业就业人数占总体就业人数的28%。"

但在巴西和印度等新兴市场，制造业的就业率仅略高于15%，丹尼·罗德里克（Dani Rodrik）等作家就谈到过"过早去工业化"。[2]这些数据表明，通过出口拉动制造业增长来实现现代化的旧模式对发展中国家而言，已经不是摆脱贫困的关键途径；同时，关于低收入国家未来经济前景的问题也越来越少。

最富戏剧性的是，就业变化导致的劳动力的两极分化，使得大量传统的技术工作，如打字员、秘书、书记员、管理员、制图员、锅炉制造修理工等的重要性下降，劳动力分化为一群精英和大量没有技能或只具有部分技能的人。前者为受过高等教育的专业人士，他们可以要求高薪（至少现在可以）；后者讨价还价的地位较弱，他们的工作无法完全得到保障，这对于他们的孩子来说，机会似乎很渺茫。

这不仅仅是发达国家特有的问题。在很多国家，全球化的承诺与人们日常生活中的不安全感、失业及停滞不前的生活水平之间的差距都很明显，以至于我们几乎确定会看到更多的"阿拉伯之春"（Arab

Springs）、更多的“占领运动”（Occupy movements）和更多的“夺回控制权”（take back control）抗议。

结果是什么呢？全球化创造了合作的需要，也同时唤醒了人们对归属感的需求。因为尽管逻辑上是经济一体化，但情感上的回应是我们需要“把控制权带回国内”——这一口号在各洲的保护主义运动中已经变得司空见惯。人们的这种不满需要政治上的回应。民族国家若要认识到身份的重要性和国家之间合作的必要性，就必须在民族自治和我们期望的边界共享之间取得适当的平衡。这的确是一种平衡的行为：一体化程度太高会让人们感到自身的文化和身份正处于危险之中，而一体化程度太低则会让他们的繁荣面临风险。

因此，政策的必要性有双重含义：作为一个世界经济体，我们可以通过适当的合作政策来更好地管理全球化；作为一个独立的国家，我们应在自治和一体化之间取得平衡。正如纽约大学学者乔纳森·海特（Jonathan Haidt）在最近发表的一篇文章中所提到的：“2016年之后，对于西方国家最重要的问题可能是，世界上其他地区、国家和“教区”都有自己的传统和道德秩序，我们如何在尊重而不是削弱或摧毁这些地方身份认同的同时，获得在贸易、文化、教育、人权和环境保护方面的全球合作成果？全球主义者和民族主义者在什么样的世界里能够和平共处呢？”[3]

欧洲和其他国家现在不得不对民族主义和保护主义施加的压力做出回应，这表明它们已经做出了适当的平衡。其实，已经有很多文章就政府应该如何行动的问题展开讨论，探讨政府如何帮助那些在全球性变化的过程中，在培训、就业和收入支持政策上失去了自我的人。然而，关于如何巧妙地处理国际架构问题的文章却少得多。通过这本书，巴德尔的工作可以帮助我们，因为他在书中向我们展示了全球合作在哪里实现以及如何加强才能达到最佳效果。这不是我们关于开放和封闭的社会之间的选择：真正的选择是在像巴德尔这样的人之间，他们希望领导、管理和驯服本应开放的全球经济。而那些反对和干预的人，要么是支持新自由主义的全球自由主义者，要么是那些希望庇护、隔离和保护自己不受变革影响的全球主义者。

巴德尔强调的重点是，我们如何通过修复和改革全球金融体系来加强全球合作，以及我们如何筹集必要的资金来资助可持续发展目标，这促使他提出了创新的建议。他的工作始于20世纪90年代，以全球卫生领域的创新举措为开端，如今已扩展至为基础设施和全球教育等其他公共产品提供资金支持的提议。另一组建议则围绕基础设施和公私伙伴关系在其他领域的新作用展开。

当安南在1999年谈及全球契约时，他呼吁企业通过自身和共同的团结，去“拥抱、支持和制定一套人权、劳工标准和环境实践领域的核心价值观”，同时“将这些通用的价值观作为跨国公司的黏合剂，并将它们绑在一起，因为它们是世界各地的人们都认同的价值观”。他还补充道：“除非这些价值观真的被视为占据了主导地位，否则我担心我们可能会发现，为开放的全球市场提供一个有说服力的理由会变得越来越困难。”他所指的或许不仅包括人权、劳工标准和环境实践，还包括企业如何处理民主和法治问题。自那时起，由联合国秘书长潘基文（Ban Ki-moon）领导、乔治·凯尔担任主席的联合国全球契约组织，拓展了我们对于什么是可能的想法。正如凯尔所言：“越来越多来自各大洲的企业开始了一段将社会优先事项与基于普遍原则的企业使命、战略和运营相协调的旅程……在一个透明的时代，投资者行为对社会和环境的影响再也无法外化，我们必须对这些行为进行核算和定价。做出色的事和做好事可以同时进行。”[4]

在巴德尔下面的文章中，他将探索公共部门如何为私营部门与公共部门之间的合作提供帮助，就像克劳斯·施瓦布（Klaus Schwab）在全球经济论坛中所提到的，以及由拉里·萨默斯（Larry Summers）提出的争论——世界必须摆脱所谓的“长期经济停滞”引出的新想法。我们必须考虑新开发银行（BRICS Bank，巴西、俄罗斯、印度、中国和南非）、亚洲基础设施投资银行（Asian Infrastructure Investment Bank，简称亚投行）和丝绸之路基金（Silk Road Fund，简称丝路基金）等正在诞生的新机构。目前的挑战是如何让我们对这些新举措的看法以一种更加齐心协力的合作方式集合在一起，同时，在鼓励更广泛地讨论未来的布雷顿森林机构的过程中，考察我们是否能够找到新的国际体系结构，以应对达成共识所需要面对的全球性变化的冲击。1945年刚刚结束之时，全世界曾涌现出大量的新思想和新倡议，我们现在也同样需要新思想的爆发。

序三

姜建清

（中国工商银行原董事长）

金融似水，水能载舟，亦能覆舟。这句话非常适合诠释伯特兰·巴德尔在《金融不死》一书中对金融作用双刃剑特征的描述。“水能载舟，亦能覆舟”这句话源于公元前484年孔子与鲁哀公的一段对话，孔子将水比喻为统治的基础。其实，载船行舟只是水的一项功能，水还是生命之泉，动力之源。因此，用水的作用来比喻金融在社会发展中的作用是十分贴切的。

金融似水，水能载舟。金融之水浇灌着经济的大地，孕育出丰硕的果实，造福于人类社会，数千年来发挥着重要作用。金融业是一个古老的行业，有息贷款的历史甚至早至《旧约圣经》年代，楔形文字的借贷泥版以及古希腊、古罗马的神庙都记载了古代金融活动的痕迹。而世界经济快速发展的分水岭出现在1820年左右。美国著名学者威廉·伯恩斯坦（William Bernstein）在经济史著作《繁荣的背后》一书中，将西方经济增长比作蛋糕，将成功的四要素“财产权、科学理性主义、资本市场和通信运输技术创新”比作面粉、鸡蛋、酵母和砂糖。的确，没有财产权就没有储蓄，资本市场也难为无米之炊；没有科学理性主义，金融就还会在中世纪的宗教阴影下挣扎。而金融能成功地将储蓄转化为投资，资本能促进社会的进步。换句话说，人类社会近百年来的经济之舟的快速航行，离不开金融的助力和推动。

水能载舟，亦能覆舟。温顺至柔的水有时也会失去控制，露出狰狞的面貌，形成巨大的破坏力量，就像风平浪静的江海也会掀起恶浪倾翻舟船。金融发挥繁荣推手作用的同时，金融危机亦孕育其中。伯特兰·巴德尔在书中谈及了金融的双面性，提出了“坏的主人、好的仆人”一说。他认为要驾驭金融，就要让其发挥好工具作用。然而，看似柔顺的金融有时却不那么容易被驯服。几百年来，金融危机给人类社会造成了巨大伤害，导致经济崩溃、社会动荡、贫富分化和道德沦丧。从17、18世纪欧洲的“郁金香泡沫”和“南海泡沫”，20世纪30年代的美国证券危机，20世纪90年代的拉丁美洲金融危机，到1997年的亚洲金融危机、2007年的美国次贷危机及之后的欧洲主权债务危机，金融危机的惊涛骇浪，一波一波地冲击着社会稳定的礁石，颠簸着经济发展的航船。金融危机反复出现、从未消亡。在金融危机肆虐后，愤怒的人们指责“浪的无情”和“水的冷漠”是无济于事的。因为金融本身并不具备意识，仅是中性的工具，酿成金融危机的根源是人——错误的政策、失效的监管、失衡的社会和贪婪的人性酿成了一次次的金融危机。金融危机只是通过极具破坏性的方式来惩罚和纠正上述失衡。人们是健忘的，风平浪静的时候，往往忘记了巨浪滔天的时刻。人类的金融史几乎就是一部危机史，人们痛恨危机、喜爱“繁荣”，却忘了追求短暂的“繁荣”往往会导致长期繁荣的终结，而自以为“理性”和“善意”的行为，往往会产生相反的效果。

载舟覆舟，所宜深慎。历史的消逝并非随风而去，它留下了深刻的印记，以告诫后来者莫忘风险，莫蹈前车覆辙。然而黑格尔说过，“人类从历史上学到的唯一教训，就是人类无法从历史上学到教训”。上一次的全球金融危机已经过去10年了，虽然时过境迁，金融迈过的河流已经不是昨天的河流了，但是全球经济和金融结构的不平衡状态依然没有改变。2018年第一季度的全球债务已攀升至247万亿美元，占全球GDP（国内生产总值）比重的318%，远超150%的警戒线水平。过度信用扩张的货币政策，加剧了全球经济结构和资产价格的失衡，加之银行作为高杠杆的货币信用机构的内在脆弱性，委托代理机制导致的内外信息和风险承受的不对称性，顺周期特性导致的对政治经济环境变化的敏感性依然存在，全球化时代还存在着跨国、跨区域风险的传递性，因而全球经济环境依然“暗流涌动”，为未来全球金融危机的爆发和蔓延埋下了“生生不息”的种子。

金融似水，水宜导不宜堵。同样，金融的治理也要符合金融的本质和规律。在漫长的经济发展过程中，金融发挥核心功能作用，促进了实体经济的发展。然而近几十年来，金融出现了脱实向虚的趋势，比如本为金融避险的衍生品创新演化成过度投机，酿成了重大危机，从而与包容和普惠的初心相悖。金融治理要让金融回归实体经济服务的本源，回归为人类社会创造价值、为公共利益服务的正确的发展航道。

伯特兰·巴德尔在书中写道，我们正处在一个“十字路口”。我十分赞同作者的这个观点。我们正面对着一个急剧变化的世界，当前世界的政治经济走势存在着高度不确定性。金融政策的波动变化，使金融市场走势变化难测。此外，全球金融业还面临着经济周期、行业周期、科技周期的叠加影响。金融之舟驶入了一个“未知的水域”。然而，无论未来如何变化，金融工具不可或缺，金融服务社会发展的本源不可改变。这或许就是本书的中文译名《金融不死》背后的深刻含义吧！

与此同时，伯特兰·巴德尔在书中以他的祖父的语言，阐述了一个深刻的道理，即“莱茵河不是一条边界而是一条通道”。今天全球化给世界带来巨大福利的同时，亦存在“双刃剑”效应。要解决这个问题，我们遇到的认知分歧同“莱茵河”一样——是全球携手、共面挑战，还是隔绝人们共享的大洋、筑起国家间的围墙？今天的世界经济已经不可分割，企图隔断商品流、资金流和信息流，如同想隔断水和大气的循环一样，注定是无效的。我们总结10年前应对那场危机的经验，可以发现，当时G20机制和全球金融政策的协调起到了重要作用。现今，世界再次处在一个重要的转折点，新的金融风险与新的发展机遇同样巨大，如果我们选择以邻为壑的贸易保护主义，世界可能陷入新的危机甚至萧条。因此，世界需要紧密合作，包括全球金融的合作，无论是经贸发展还是危机处理。

金融与每一个人都息息相关，作为金融参与者的我们，更要以史为鉴，通过构建清晰、有效的利益相关方参与机制，明确责任担当，促进沟通融合，实现和谐共赢。我们要始终记得，金融与社会可持续发展和生态环境有着直接或间接的联系，因此，金融业应该利用资源配置功能，推进绿色金融，促进生态文明，构建人与自然的和谐关系，促进生产要素自由流动和基础设施互联互通。同时加强全球经济治理，持续推进金融科技创新，不断进行自我完善。在此，我呼吁大家一起行动，正如巴德尔所说，“让金融成为一个伟大的仆人”，为人类的共同利益服务！我相信作者所期冀的金融业的美好未来一定会实现！

序四

香　帅

（知名金融学者）

金融和好的社会

金融被污名化已经有很长一段时间了。

《华尔街》中道格拉斯（Douglas MacArthur）邪魅一笑，说“贪婪是好的”（Greedy is good）。由此，“贪婪”成了这几十年“金融”的代名词之一，金融的另两个标签是奢侈和精英。这种印象在2008年后到达巅峰，“占领华尔街”的口号响遍全世界，各路政客也忙不迭地表态：法国时任总统萨克齐（Nicolas Sarkozy）说，“金融体系本质上是一个不负责任的、不道德的体系”；英国前首相布莱尔（Tony Blair）也说，“金融体系偏离了本质，而且它也无法回归本真了”。

然而，很少有人追问一句，“金融”到底是什么？“金融的本质”又究竟是什么？

在“得到”金融课程里，我曾经说过，作为一个舶来的词语，Finance（金融）的词根fin来自拉丁语finish，表示结束和终结，然后被慢慢地引申成债务的终结。就像14世纪的著名英国诗人乔叟（Geoffrey

Chaucer）的诗中所说，“死亡是我的终结”（Death is my finance），Finance具有一种宗教上的终级意义。生命就像债务，死亡和债务终结之间具有某种类似的特质。因此，从一开始，“金融”考虑的就是和生命最接近的问题：时间的跨期和不确定性。

例如，为什么古代的人们要说“养儿防老”？在传统农耕社会中，对于很多一辈子勉强能解决温饱问题的农民来说，家庭的投资储蓄基本上就是以“子女”的形式存在的。“养儿防老”本质上是一种金融行为，是上一代人进行的价值的“跨期转移安排”，类似今天的养老保险合同，而孝顺则类似维持合同执行的制度安排。从某种意义上说，这些隐性的金融安排是帮助人类社会生生不息的最重要工具之一。

在社会演进的过程中，一些金融工具被创造出来。在欧洲的城邦国家征战中，国债发行和流通顺畅的国家有充沛的资金支持，更容易取得胜利。而自地理大发现之后，股票帮助欧洲各国开拓了远洋贸易航线，赚取了丰厚利润。在此之后，为了解决投资人的流动性问题，又产生了专门交易这些金融合同的场所，并逐渐形成了一套与之相适应的机制设计。

随着股票、债券、基金这些金融工具的应用，人们发现，使用这些标准化的、显性的金融合同可以实现更广泛的风险共担和利益共享，极大地拓展人类经济活动的能力和范围。渐渐地，标准化的现代金融市场几乎渗透到社会发展的所有环节，演化出各种复杂的产业生态，前所未有地提高了人类经济活动的效率和复杂程度。同时，通过这些标准化的金融工具——股债、保险和基金，个人得以更好地“未雨绸缪”，从而拥有了对“不确定性未来”的更多自主权。

更重要的是，这种金融工具标准化的演进，创造了一个庞大的全球性的金融市场——这一步对整个工业革命以及人类发展的意义，在历史上是远远被低估了。标准化的金融工具和市场将散落在每个人手里的资金聚集，也就是“连接”起来。考虑到资金是天然的数字化存在，所以，现代金融市场的出现是人类社会第一次大规模的数字化叠加网络化进程。这件事的第一个结果是直接催生了工业革命——就像著名经济学家希克斯（John Richard Hicks）所说的，“工业革命不得不等待一场金融革命”。早在十四五世纪，工业革命的很多技术就已经萌芽，但是没有资金，无法进行大规模生产，也就无法进入工业化时代（从这个角度想李约瑟之问，也许会有答案）。

而金融市场产生了：资金被连接和聚集，大规模生产得以进行，且工厂将人力聚集起来，人力+资金的投入又加速了技术进步，让生产力飞跃，创造更多资金——技术、人力、资金和增长之间形成了一个强大的正循环。工业革命的飞轮开始疾驰，人类社会快速“跃”上了增长的新台阶：工业革命前的2 000年全球人口仅增长了3倍，工业革命之后到20世纪60年代的200多年间却增长了10倍；人口的增长速度迅速摆脱了马尔萨斯（Thomas Robert Mathus）的悲观预言，并且带来更大规模的集聚；知识的溢出和创新能力的提升一次次飞跃；技术革命迭代循环产生——从蒸汽时代开始，电力、铁路、汽车、电话、计算机……都是这个正循环下的产物。

而这些技术本身，尤其是信息技术的进步，使得资金网络化的程度更高，很快形成了全球资本市场——这一“网络化”产生的连接能量远远超乎你我的想象。用曾鸣教授的话说，这叫作“网络协同效应”：这个效应像粒子碰撞一样，会产生聚变。百年来我们看到的令人目眩的增长和商业模式变化的背后，其实就是现代社会金融化的过程。

所以，我们再回到开始的命题：金融的本质到底是什么？

金融是人类与时间维度上的不确定性进行博弈的工具，其本质是突破我们面临的约束条件，帮助人类社会在不确定性的未来中追求更大程度的自由。

如果哪里出错了，那是做金融的人错了，不是金融本身错了。这种反思，开始一次次冲击着金融界——来自内部的声音开始一浪高过一浪。金融是由资金连接的世界。资金如水，资金市场就是水域。各个国家都有自己的“水域”，水域分封而治是理所当然的。然而水流不遂人愿，它们会在任何一个角落流动、逐利，掀起波澜，然后扩散、传播。很多时候，这些波澜会在我们最不设防的地点和时间出现，掀起超过我们预期的巨浪。如果调控和驾驭水流的人失去了方向，那世界会面临更大的，而不是更小的不确定性。换句话说，如果失去控制，金融有可能走向初心的相反方向。

怎么破这样一个局？其实没有人知道答案。我脑子里的未来是“技术”。也有人说，资金是不讲究权衡和道德的，但是驾驭资金的人需要讲究权衡和道德。权衡、合作以及道德是金融这片水域的守护神。假如有一种机制能保证这样的“金融市场”出现，那么全球化的很多问题就能迎刃而解。

就像伯特兰·巴德尔在自己的《金融不死》一书中所描述的：

> 当前的全球化和关联性的深度是真实存在且不可逆转的，采取一种狭隘的应对方式注定要失败……金融作为一种不受国界约束的可替代商品，更适合这种方式。

基于这种观点，私营性金融机构、各国政府以及各种国际组织可以通过“资金”而不是“主权”来推进全球性的合作，构建一种更加可持续的经济发展模式。

《金融不死》这本书是我见过的最热情洋溢的金融著作——或者你可以认为它不是一本金融书，而是一本白皮书，它呼吁全社会用超越主权的金融工具来解决我们面临的水域分割、洋流不畅的问题。这种呼吁如此急切，也如此令人着迷，让很多政界人士和学术精英给予这本书令人目眩的夸奖。

从哈佛大学和普林斯顿大学的教授，到麦肯锡的总裁、经合组织的秘书长，再到G20的主席，还有向来不喜欢“金融圈”的法国总统马克龙，都用更热情洋溢的语言给这本书贴上了自己的标签。

这种来自精英层的集体性热情，也许并不是为了这本书，而是为了金融和一个更好的社会。

引言　十字路口的金融

向左、向右、向前、向后……我们正站在十字路口，而且，我们要共同做出的决定从来没有如此重要过。这个决定与金融以及我们如何利用金融相关，我们所选择的方向将决定金融会拯救世界还是让我们走向毁灭之路。

对于金融的含义是什么，每个人都有不同的理解。在我的经验中，这个内容常常被作为对华尔街或伦敦金融城的一条注释出现，有时也会被X银行或Y对冲基金的首席执行官使用，当他们碰巧成为头条新闻时。事实上，我所指的金融具有更加广泛的含义，它包含国际金融生态圈的参与者们（如银行、投资者、养老基金、机构和借款人）所使用的金融工具。是的，我所指的金融是工具，而不是企业或特定的机构。近年来，金融似乎变得像魔法和镜子一般，但并非如此，金融向来只是一种工具，除此之外，什么也不是。金融是一项由人类制造的工具，供人类使用，维护人类生存并对环境产生影响。既然如此，金融工具最首要和最重要的含义就是一种旨在提供经济效益的资源流动和资源分配的机制。

我们是在拯救世界还是在毁灭世界

在过去几十年中，我们也许已经下意识地创造出了一种新的、极为强大的力量，这种力量或许是地球上潜在的最强大的人造力量之一。在人类日常生活的背景下，它一直在悄悄地发挥着作用，而我们却忘记了自己正在建造的东西。20世纪二三十年代的记忆正在迅速地从人们脑海中消失，只剩下“局部化”金融危机的重重障碍（有一些障碍是非常严重的），它们像警笛一般鸣响着，人们却似乎充耳不闻。金融体系已经持续地增长到几乎无人了解的规模，而我们却没有对金融体系的健康状况进行定期体检，2007—2009年爆发的金融危机就是我们为此付出的代价。这种认知的缺乏与金融的力量，以及金融对人们生活的支配程度形成了鲜明对比。我们所做的一切几乎都是由这个系统支撑的，然而，大多时候我们却有意或无意地忽略了它。

如果我们现在做出决定，并且采取行动，同时以充满热情和责任心的方式去执行，这些决定和行动就会直接对我们的未来产生影响。这事关人类能否重新获得对金融的控制权，而不是被动地目睹一系列的事件发生在我们身上。如果我们继续让金融在走向金融危机的轨道上发展，那么必然会加剧不和。在这种轨道上，金融只服务于精英阶层，允许投机者以狭隘和自私的方式利用它的力量从中获利。人们将越来越深刻地感受到权利被剥夺，而且近期民族主义和保护主义的复苏将加速，政治不和谐将不可避免。然而，故事还没有结束。过去，各国关起门来处理的方法效果欠佳，因此，除了短期主义，没有任何理由相信这种方式在现在仍能够发挥作用。我们极有可能回到20世纪30年代的大萧条，那是人类历史上的黑暗时刻。因此，我们不能低估自己所创造的这种新的不可思议的强大力量。

我们正站在十字路口

我们勉强熬过了一场巨大的危机，下一次危机何时到来我们尚未知晓。我们正站在十字路口，我们必须在这里做出选择。“我们”包括地球上的每一个人。如果“我们”只包括精英，那么我们做出的选择将无法取得成功；相反，这将招致怨恨，更多相同的问题将造成更大的风险。要做到这一点并不容易，因为这需要聆听那些过去被忽略的人的声音。那么，怎样才能做到这一点呢？它需要我们当中的每一个参与者持续不断地奉献自我。这就意味着负责任的政府、民间社团组织、多边合作、非政府组织（NGO）。这个名单会继续增加，但至关重要的是要让每个参与者的声音都被听到。

当我参加G20会议时，我代表世界银行集团（World Bank Group）这样做了。这意味着，从定义上看，在参与者非常有限的世界银行集团中，存在这样的人代表其客户来发表观点，否则他没有必要在谈判桌上直接发言。这里的客户是指新兴市场国家，包括小岛国在内。当参与金融稳定委员会的讨论时，我也会在谈判桌上代表各方［世界银行集团及其私营部门分支机构，国际金融组织（International Finance Corporation，简称IFC）及其所投资的数百个金融机构］发表正式的意见以反映更为全面的情况。这仅仅是两个例子，但足以说明我们应如何构建多方论坛，让所有参与者的声音都被听到。

我们能够并且必须选择一个方向。我们必须积极主动地做出决定，这也是我们每个参与者的责任。金融可以拯救世界，它是属于我们、为我们服务的强大力量。但是，金融不是万能的，并且它不应当由精英操控。金融的存在是为了人类的共同利益。

通过让金融成为我们的仆人，我们有能力重塑金融，并重新定位它的用途。金融是每个人的，我们需要相应地使用它。我们需要制定普惠金融的议程，让每个人都能参与进来。以正确的方式赋予人们权力将重新激发人们对这一工具的信任，并使我们所有人能够对其行使我们的合法权力。

我们必须加强多边合作的途径。然而，并不是所有参与者都能看清这一点。2017年5月30日，《华尔街日报》（*Wall Street Journal*）的一篇专栏文章提醒我们："世界并不是一个'全球共同体'，而是一个国家、非政府组织和企业为了利益相互竞争的场所。我们给这个场所带来了与之不匹配的军事、政治、经济、文化和道德力量。我们不是否认国际事务的这些基本性质，而是接受它。"[1]但我不赞成这个观点，我将在接下来的内容里进行解释。我认为，尽管全球存在领土方面的紧张局势，各国也必须以一种全新的方式共同努力。这不是一件容易的事，也不会很快发生作用，但通过一种团结、协作和尊重的方式并肩作战，我们将获得更好的结果。当然，在困难时期，我们容易缩小自身的关注范围，采取民族主义的做法并寻求更高水平的保护主义，所有这些行动都是为了自助。但这不再起作用了。当前的全球化和关联性的深度是真实存在且不可逆转的，采取一种狭隘的应对方式注定要失败，因为从金融的角度来看，主权控制就是一个神话。相比之下，推进多边主义（尽管有所改进）可以让我们每个人都受益。金融作为一种不受国界约束的可替代商品，更适合这种方式。

是时候为人类的共同利益重新掌控金融了

利用金融可以帮助我们构建一个真正可持续的发展框架。但令人难以想象的是，人们对于发展前景的目光如此短浅，分配也如此不均。我们可以通过金融释放的强大力量比大多数人所认为的还要影响深远。我们可以通过可持续发展来驱动增长。由联合国所概述并被所有国家赞同的目标非常广泛，但这些目标让指南针指向了正确的方向。我们只有让必要的金融资源以更加合理的方式流动起来才能实现这些目标。若没有一种新的、可持续的金融方式，我们就无法实现可持续发展。我们每个人都需要认同和改变自己思考和利用金融的方式。无论是作为资金管理人、投资人还是其他形式的利益相关者（不要忘记，最终这些都是我们的钱），我们都有责任让别人听到我们的声音。我们应当负责任地以明确而可信的方式投资，而不只是在口头上说说，或是寻找最容易克服的障碍去跨越。

我们面临的方向的选择是严肃的，必须给予适当的尊重和考虑。我们不应该错误地认为，我们的角色是被动的参与者，甚至更糟糕地认为，我们是心甘情愿的受害者。金融可以成为一股有益的力量，并且这种力量不会消失。我们忽略了自己的责任，这是非常危险的。重新获得对金融的控制权意味着我们可以为人类的共同利益做出必要的变革。在经历了近期的所有事情之后，重新获得人们对金融体系的信任，并且忍耐这些事情所带来的一部分不良结果，是我们必须采用的新方法的重要组成部分。金融可以拯救世界，但前提是它得到了自身迫切需要的指导。

始于2000年，一切就像一场梦

2000年只是一场梦吗？也许是的。从1968年5月我出生到新的千禧年拉开序幕，人们都被幻想支配着。和很多人一样，我多么希望有一些有用的魔法，可以把科技和新的改良人种结合起来，就如同在柏林墙倒塌后，弗朗西斯·福山（Francis Fukuyama）那句著名的名言所说的那样，“历史的终结”。然而，当2000年来临之时，我们感受到了人们对千年虫（year 2000，简称为Y2K）和欧洲采用单一货币的期待，以及消除国家之间的边界，建立一个统一的、无边界的种族的雄心。

当这个重要时刻到来时，我们倒计时迎接新时代的来临。我们亲吻我们的亲人，在香槟和焰火中大声呼喊着新年的希望。我们希望它是有魔力的。这种满怀希望的感觉持续了一整年，并在2000年9月达到高潮——世界各国元首和政府首脑在纽约联合国总部举行了有史以来规模最大的首脑会议：千年首脑会议（Millennium Summit）。在这次会议上，人类热情满满地为自己设定目标，以加快发展的步伐。

我们的行动没有按计划进行

15年后，世界发生了巨大的变化。然而，这部电影与2000年9月纽约的预告片中所承诺的并不完全一致。

谁会想到，在2000年，一个被认为是和平、繁荣和进步代名词的金融体系会导致世界如此接近灾难的边缘？20世纪90年代的很多危机似乎已经过去。经过数年的动荡，我们希望“大缓和”（Great Moderation）能结出神圣的果实。谁会想到，在一场重大的人道主义戏剧结束时，欧洲会如此接近崩溃和失败？谁会想到，柯达（Kodak）会破产，世界贸易中心（World Trade Center）会倒塌？谁会想到，中国会在一代人的时间内超越美国，成为世界头号经济强国？谁会想到，这些国家有朝一日能和其他国家共同签署《巴黎气候协定》？谁会想到，尽管欧洲大陆的前景一片光明，但52%的英国人却想要选择退出欧盟这样一个组织？

金融的释放让我们陷入灾难

所有这一切都表明，2000年以来的岁月是动荡不安的。我们都感受到，分裂和瓦解还在继续，我们甚至还不知道这些破裂最终将会造成什么影响。我们的金融、经济、政治、地缘政治、环境、社会和文化领域都在发生着变化。

随后发生的2007—2008年的金融危机以及全世界的经济萧条，让全球很多公民把金融视为敌人。以民粹主义和民族主义的暗示为开端，当前全球范围内发生的很多冲突都是对人们巨大幻想的回应——自1944年以来，随着《布雷顿森林协定》的签署，人们认为金融体系将促进美国经济的发展并保障国际合作的开展。

无论是在美国、欧洲还是全世界范围内，我们都可以感觉到人们内心深处的恐惧，他们觉得自己可能已经被一场他们不再了解的运动抛弃，或者他们从来就没有了解过这场运动。全球化和统一的欧洲的发展方向从来没有如此不确定，其领导人对此的表达从未如此不坚定，而与此同时，世界各地的地缘政治紧张局势还在不断升级。例如，晴天霹雳一般的英国脱欧（Brexit）、乌克兰（Ukraine）危机、萨赫勒（Sahel）地区问题、中国南海问题、石油输出国问题、中东地区（Middle East）问题，以及全球范围内的恐怖袭击的增加，从圣贝纳迪诺（San Bernardino）到拉合尔（Lahore），还包括奥兰多（Orlando）、哥本哈根（Copenhagen）、布鲁塞尔（Brussels）、巴黎、尼斯（Nice）、伊斯坦布尔（Istanbul）、安卡拉（Ankara）、贝鲁特（Beirut）、突尼斯、苏塞（Sousse）、巴马科（Bamako）、瓦加杜古（Ouagadougou）、巴格达（Bagdad）、萨那（Sana）、伦敦，等等。发达经济体和新兴经济体常常倾向于使用强硬手段来影响货币政策，而一部分人已经意识到，全球经济增长可能会步入一个持续停滞的时代，这体现在多个发达国家数量空前的低价债券上，这些债券的价格异常低，甚至为负。

信任缺失肆虐

然而，全世界都还没有完全做好准备来迎接这些威胁！人类从未如此富有，如此多产，如此狂热，如此投入。但是，这些惊人的财富却远不是平均分配的。事实上，在一个联系如此紧密的世界里，考虑到大数据管理和经济优步化（Uberization）的固有风险，平衡已经逐渐变得越来越难以实现，更不用说考虑气候威胁和流行病扩散的加速。有时，全球化的路径也同样在恶化。对美国和法国这样在全球化的早期阶段有巨大影响力的国家来说，这种威胁只会更加令人不知所措。整个人类共同体都对被时代抛弃的想法不寒而栗。

在面临无数的不确定性的同时，人类还需要面对空前的信任危机。

在这样的时刻，要应对当前不可避免的关键挑战，信任——对未来、对同伴、对自己的信任——正是我们最需要的东西。这些挑战包括消除贫困，维护和平，保护气候，重建数字文明和抗击流行病。所有这些挑战比以往任何时候都需要我们的合作、我们的意愿和我们完成工作的勇气。

无论如何，人类将共同致力于可持续发展和共同繁荣

早在2015年，我们就看到了人类仍然可以拥有自信和勇气的爆发：我们连续召开了三个国际会议，分别在亚的斯亚贝巴、纽约和巴黎进行。这些会议为我们提供了一次长达一年的契机，让我们可以就未来几年发展的决定性路线图达成协议。会议内容涉及发展基金、地球的可持续发展以及应对气候变化。所有的国家都做出了选择，同意了全球的发展路线图。因此，我们不需要重新创造一个路线图，我们只需要去实现这个路线图。

我们正站在十字路口，选择在我们手中

我们必须认真对待这些关于原则的声明。它们不只是一张纸，它们

展示了我们作为人类的最大愿望，即团结起来克服分裂。如果希望能够让我们超越犬儒主义和宿命论，人类就会有所期待！同时，如果我们要认真对待这些声明，我们就必须投入必要的资源和金融工具。

我们不应该天真地低估这些承诺，也不应该把希望当成玩具。我们要设法动员所有的向心力来应对离心力（这些离心力数量庞大而残酷，常常让我们四分五裂），只有这样，这些巨大而必要的雄心壮志才能变为现实。通过联合各级的力量，我们可以击败分散的力量。只有通过各国之间的努力和各国内部的努力，通过公共和私营部门及全社会的合作，我们美好的承诺才能实现。如果我们要在多边国际机构与各发达经济体、新兴经济体和发展中经济体之间展开对话，如果我们要重新建立欧洲、美国50个州与环太平洋和大西洋地区的联系，我们就必须一起行进在同一条道路上。我们必须团结起来，让G20这个世界上最大的20个国家组成的集团不再仅仅是每年一次的首脑会议——会议上几乎没有什么可说的，更没有什么可做的。

我相信，这样的动员是可能的。因为在这一时期内，我有机会参加了很多首脑会议、项目、会议和工作小组。但我也知道，遵循这些宣言的道路并不容易。

我来自哪里

无论是在美国还是在欧洲，在2000年以来世界所发生的一些重大变化中，我发现自己正处在一个有特权的见证人和参与者的位置上，而这些变化既有令人激动的，也有戏剧性的。

我第一次把金融作为一个问题

当网络泡沫破灭时，我是一名在纽约为拉扎德（Lazard）工作的投资银行家，我从自己办公室的窗户目睹了“9·11”恐怖袭击事件。1987—2000年，我在巴黎与国际货币基金组织总裁米歇尔·康德苏（Michel Camdessus）一起工作，时任法国总统的雅克·希拉克（Jacques Chirac）与戈登·布朗（Gordon Brown）一起领导了近几十年来的两项重大金融创新。[2]在2007—2008年的金融危机期间，我先后担任法国农业信贷银行（Crédit Agricole）和法国兴业银行（Société Générale）的高管，以一个内部人的身份看到了整个金融体系的崩溃。最后，我来到了世界银行（World Bank），在这里我不同程度地参与了2015年在华盛顿特区举办的三次国际峰会。这些会议以人类的名义做出决定，而2015年也许会成为历史性的一年。

让我经历这些的不是命运，而是偶然的机遇和使命——我开玩笑地说，这些经历让我比任何人的经历都更接近阿甘（Forrest Gump）。我一直认为，在完成学业后，我会在同一个政府机构（财政部）或者同一家公司工作一辈子。然而，生活却不是这样子。

事实证明，我与米歇尔·康德苏的会面是非常具有决定性的。当时我在法国社会基金会（Semaines sociales de France）[3]担任财务主管，这次会面让我能够以多种身份去解决与发展相关的问题。作为一名银行家，我应当是一位国际“流动性”方面的专家，而恰巧，我和米歇尔·康德苏在2000—2003年为希拉克总统的法国埃维昂（Évian）G8峰会预备小组工作，着手解决水资源问题。最初，我对这个项目知之甚少，但后来我思考了很多关于水资源基础设施的融资问题，并就这一主题和他合著了一本书。[4]另一方面，我作为国际金融新贡献工作小组的发言人，也致力于消除贫困，我参与起草了一份关于法国经济新增长理念的报告。[5]

身为全球最大的两家银行的首席财务官，我忙于金融危机的日常管理工作，而且在我2012年受邀加入世界银行担任主管财务的常务副行长时，我从未想过自己还会有时间去思考这些问题。我立即接受了这个机会，并将我从个人经验中获得的信念付诸行动：利用全球最好的金融实验室之一为人类的共同利益尝试创新，证明金融也能为全球市场做出积极贡献，而不是退化到像2007年那样残酷地释放破坏力。

事后看来，这些看似无关的、互不关联的经历实际上是有意义的。我感激这一切，它们让我对国际金融体系有了一个相对完整的认识。透过不同的公共部门和私营部门，在国家和国际两个层面，我能够从连续且具有多样性的角度来看待问题：作为财政部的一名公务员，作为华尔街和伦敦金融城的一名投资银行家，作为一名受监管的商业银行家，以及后来作为一家多边开发银行的监管者和领导者。这些观点让我了解了金融体系的局限性，也了解了金融体系所蕴含的重新创造的潜力。

我希望把金融发展为一个解决方案，而我已经启程

从这个意义上说，在世界银行工作是我过去所有工作的综合体。除了看到金融创新的潜力之外，我还能近距离地观察国际治理体系及其带来的大量挫折和深刻效用。国际治理体系是不完美的，但却不可或缺！我的经历揭示了一个非常多样化的世界，在这个世界里，精英们如此相似，却又如此不同，他们共同的语言叠加了许多独特的人生经历。这种共性是有帮助的。同时，它还向外部发出了一个严肃的信号，这可能会引发广泛而合理的问题，即全球精英的冷漠和脱节。

金融是一种令人惊奇的可再生能量，但它需要加以控制

我的多次工作旅行也支持这一观点。从萨洛蒙群岛（Salomon Islands）到每一个金砖国家——巴西、俄罗斯、印度、中国和南非，我访问了近100个国家，其中有富裕的国家，也有贫穷的国家。我能够融入来自世

界各地的不同类型的人群中，有普通人，也有精英。

从这些珍贵的经历以及它们启发我去思考的很多想法中，我吸取到了很多经验教训，或许在现在这样的关键时刻（全球化和人类正处于十字路口的时刻）来分享它们是有益处的。如果我只能分享一个信念，那就是要动员每一种力量，这对于对抗威胁当今世界的破坏性力量是至关重要的。事实上，这种动员是可能实现的，因为我已经多次证明了这一点。从经验中我也了解到，我们正在远离自己的目标——扮演魔鬼的倡导者要容易得多，我们要坚定地站在自身既存的利益和立场上！我们要使全人类共同努力，就必须对我们的未来有一个清晰的愿景，拥有前进的指南针和合适的领导层来引导大家，并细化具体的合作方式。

金融是为人类共同利益服务的工具

2007—2008年发生的金融危机绝不能让我们犯错误：金融不是敌人。原因很简单，金融本身没有好坏之分。金融只是一种没有明确方向的机械力，如果我们使用不当或没有监管，就可能向更坏的方向发展（如我们看到的次贷危机），但如果我们好好地加以利用和进行适当维护，就可以为我们提供更好的东西：繁荣共享的同时不会对我们的地球造成伤害（如绿色债券的发展）。我们不应该忘记这样一句古话："金钱不是好主人，但却是好仆人。"同样的工具，按照行动者的意愿来好好利用或是利用不当就可能导致价值的创造或是价值的毁灭。因此，把我们带到毁灭边缘的金融工具，也同样可以引导我们走向富足。金融仍然是一个了不起的工具，让我们能够做出预测，想象和准备未来，管理风险、时间和空间，并让人类团结起来，为了每个人共同努力。

我们对金钱的爱已经动摇了，但也许我们需要的只是第二次蜜月或一次发现灵感的机会，引导我们去重新创造。为了积极主动地实现目标，现在不正是我们重新燃起对金融的热爱的时候吗？

我们的手要控制这个工具，而工具本身并不是手

我们不会通过重复过去的错误来完成任何事情。尽管这种诱惑是真实存在的，但我们必须为重塑金融找到一个更好、更持久的基础，通过具体而有效地应对现实世界中存在的问题（从那些发展中国家的问题开始），对其进行更深入的思考。通过重新构建金融体系，增加真正的金融创新的数量，进而产生这一极具创造性的工具，我们就有能力深入地重新设计一个惠及大多数人的包容性全球化。

我写这本书并不是一个“被改造的银行家”的另一次尝试，也不是试图从魔术师的帽子里拿出同样的老把戏来分散你的注意力。完全不是这样！我在全世界最伟大的金融实验室之一的核心部门工作了3年，有机会参与大型金融项目，这些项目既慷慨又具有独创性。因此，我有了一个明确的信念，即金融创新能够为人类的共同利益做出巨大贡献。同时，出于自身的信用、人力资源的质量及其使命，多边机构对此发挥着关键作用。但是，他们不会单独去完成这件事，他们也不会“这样去做”！我们需要改变，并且是巨大的改变。如果我们没有做出改变，诱惑将继续让金融独自进行游戏。请记住花旗集团（Citigroup）前董事长兼首席执行官查克·普林斯（Chuck Prince）的这句著名（臭名昭著）的话：“只要音乐仍在继续，你就必须起身跳舞。”这句话刊登在2007年7月的《金融时报》（*Financial Times*）上。我不认为我们可以承受同样的事情再次发生。

重新控制货币需要集体的力量

显然，相比其他人，监管机构在寻找一个合适的、整体的系统架

构方面发挥着更为重要的作用，这个系统很少将自己局限于银行系统之中。以机构投资者为首的金融参与者，也对引导资源流向可持续的项目发挥着关键作用。跨国公司也开始参与到这项运动中，以回应其当前的客户和未来的利益相关者对这一问题日益增长的关注。我对新的金融联盟寄予了很大的期望，在这个联盟中，国际组织、论坛和开发工作小组将发挥催化剂的关键作用。公民社会也将对这种相互作用负责，支持并推动它向前发展。通过这些共同努力，借助金融工具，我们可以改变这个游戏，我们可以进行这场革命，它会让我们在未来回顾2015年时，把这一年作为共同创造历史的一年。

在本书中，我将带读者简短回顾一些关键事件以及全世界不同地方对此展开的讨论。第一部分的内容触及了关键时刻，并给出了本书主要论点的相关背景。当金融被控制时，它可以成为我们每个人的最佳仆人，不仅对少数精英如此，对每个人都是如此。

最近的金融危机引发了人们对金融的批评——金融是如何被操纵以至于导致财富和权力的完全扭曲，这次批评或许是最伟大和最持久的。信任的消失导致人们对货币本质以及货币在社会中的作用产生了争论。我将在第二部分讨论这些内容，并呼吁回归一些基本的事实，以讨论变化是如何开始的。

第三部分讨论了新的国际合作，以及为什么我们需要认真对待2015年的承诺，而不是仅仅把这些承诺当作消失在历史中的华丽辞藻。与此同时，我们还需要评估金融领域正在发生的变化。银行的商业模式正在改变，银行的作用也有所改变——尤其是在机构投资者的作用更加突出的背景下。在公共部门，不同的因素正在增加多边银行的压力，迫使它们适应一个截然不同的世界。在这个世界中，公共财政面临更大的约束，同时这些约束也驱动着它们重新定义自己的角色。

私营部门和公共部门面临的不同压力恰恰是导致双方重新思考如何相互合作的原因。低利率或负利率的环境，对收益率的持续追求，对新一代（所谓的千禧一代）的期望，技术革命带来的大规模破坏，以及金融危机后人们对金融体系信任的缺乏，使得这种讨论进一步复杂化。所有这些因素都有助于形成一个新的框架，在这个框架内我们可以讨论金融的作用。那么，我们如何充分利用所有可用的资源，以调动资金促进更进一步的可持续发展呢?

第四部分讨论了如何通过一种新的方式来大规模实现这种合作，因为我们已经了解了自身所处的环境以及新的期望。本部分所讨论的合作不是革命性的，但其潜在影响却是深远的。就其性质而言，这种合作将需要从每一个层面上重新设置激励措施和行动动力，而不仅仅是考虑我们的金融机构如何受到监管或是通过国际组织的改革。

通常情况下，说起来容易做起来难，因为决策点不止一个。这也是接下来的内容会显得有些天真或模糊的原因。一方面，这是真实的，但又无法进行简单的描述。相反，它需要基于我和其他人在过去几年中所能够做的事情来采取行动。它不是也不能是所谓的精英之间的对话，而是要容纳所有的人，我们每个人都在发挥作用。这是我们希望银行、养老基金、资产管理人、政府和国际组织代表我们的立场所采取的行动，希望非政府组织利用我们所提供的资源去做的事情，无论是通过我们支付的税款还是通过将我们的储蓄和捐赠委托给他们。

如果在整个系统中对整体的联合力量而不是不同的部门施加压力，金融就能发挥作用。我们有机会塑造一个真正的新框架，它有可能替代20世纪70年代以来形成但最终在金融危机中崩溃的框架。

显而易见，这意味着强化核心价值观，这些价值观应当对产品、市场和行为产生影响。这些价值观必须被教导和监控，同时被规范和监督。核心价值观必须包括道德、责任和可理解性，并且必须渗透在人们每天的工作方式中。我也试着去理解各地的金融创新如何发挥作用，如绿色金融，虽然它尚未成为核心，但正在成长。

在讨论如何开展新的国际合作时，我提醒读者注意金融和货币的普遍特征，以及为什么这比其他的事情更需要采取商定一致的方式。然而，国际合作不应当仅限于监管，还应当包括我们如何共同决策以更好地合作，让金融以有用的方式为所有人服务。自1944年以来，我们建立了各种各样的机构和论坛，如联合国、布雷顿森林机构（国际货币基金组织和世界银行），以及各种各样的合作组织（Gs，包括G7、G8、G20、G24和G77）。它们并不总是像人们期望的那样有效，因而改革和持续的发展都是必须要做的。尽管如此，它们是我们现在所拥有的东西，我们可以好好地加以利用。同时，现在也是改变现状，并证明我们可以做一些事情的时候了，比如调动各种资源来解决基础设施的缺口问题。

当前，我们面临的关键问题是如何为地球的可持续发展提供金融支持。我们就一系列的目标达成了一致意见。然而，要实现这些目标需要我们转变金融范式，并调动不同类型的资金及行动者。这就是我所说的“从数十亿到数万亿”的路线图：我们的需求是数万亿美元，但公共援助只能提供数十亿美元。现在，如何填补这一缺口是关键。我回顾了多边组织特别应该做的事情，以及如何更好地利用这些平台。我谈到了公共部门和私营部门的新合作方式的重要性，它们之间的合作方式不仅仅局限于传统的PPP（政府和社会资本合作）方式。我还讨论了在公共部门和私营部门之间存在分歧和猜疑的情况下，这种方式是如何发挥作用的。最后，我通过重点突出几个特定的领域来结束本书，包括教育、流行病或道路安全等。在这些领域，PPP方式可以继续实施。

金融可以成为伟大的公仆（工具）

尽管金融确实是问题的一部分，但今天，它也可以成为解决方案的一部分。我们要准备好兑现2015年制定的发展和气候变化的宏伟目标。无论是公共部门、私营部门还是民间部门，我们所有人的首要任务就是接受挑战（我们太容易由于认为它不可能实现而放弃努力），然后再撸起袖子一起努力，把当前的残片组装成可能实现的最好的结构。

希望很可能成为我们实现这一事业的可靠选择。它可以使我们脱离这个走向分裂的轨道，并使我们更加积极地朝着统一和进步的方向前进。通过重置资金，我们有机会真正实现我们的可持续发展目标。接下来的内容还没有被写出来：我们正站在最好或最坏的时代的边缘。这种明智和实际的解释可以帮助全球决策者引导我们朝着积极的方向前进，并能帮助我们所有人推动他们，使系统朝着正确的方向前进。

正如圣·埃克苏佩里（Saint-Exupéry）所说："你的任务不是预见未来，而是实现未来。"[6]

我们有理由承认，在危机之前做出的那些令人欢欣鼓舞的预言并没有实现。正如英国女王在2008年问经济学家时所说的那样："为什么没有人注意到这一点？"现在是让我们注意到未来可能会发生什么的时候了。我们仍有时间去改变方向，认真对待消除贫困或解决气候变化问题，但我们现在必须果断行动。

第一部分

世界几近毁灭，人类应如何应对

第一部分讨论了我们是如何怀着美好的意图，却几乎走向毁灭，以及我们是如何在经历了一段非常危险的旅程之后，仍然无法做出反应。这一部分讨论的是自2000年以来所发生的事，旨在让大家理解我们为什么处于当前的状况，我们是否有现实的选择，以及是什么为这些选择提供了基础。这一部分考察了我们面临的选择，并且对我们所处的十字路口进行了评估。

金融危机不仅中断了我们为新的千禧年制订的计划，还破坏了这个计划，并且可能造成巨大的损失。这一经历促使我们需要确保我们重新获得对最强大的工具——金融的控制。通过维护我们对金融的合理控制权，我们可以重新调整方向，去实现和兑现我们的千年承诺。我们进入新千年时所做出的承诺为我们开辟了一条道路，让我们可以在道路两旁的护栏内移动。我考察了在金融危机之后，我们是如何严重地偏离轨道。随后，我们受到了一系列可以理解的冲击，同时这种冲击导致了民粹主义的崛起，而我们来到了一个转折点——一个关键的决策点。

在第一章中，我回顾了我们在世纪之交曾有过的希望以及实际的进展。我探讨了新兴市场的发展、数字革命、城镇化水平的提高、私营部门越发重要的地位以及我们在治理方面的改革。第二章集中讨论了金融危机，以及我们是如何将金融这种工具释放出来的，而它又是如何将我们引向了灾难。第三章探讨了系统中的信用缺失问题（我们所拥有的最珍贵的资本形式）以及我们在重塑信用的过程中面临的实际挑战与困难。第四章对2015年世界各国寻找共同目标的行动进行了评估。第五章讨论了我们面临的不利因素以及随之而来的地缘政治问题，这些问题都让我们的努力变得更加重要。第六章继续讨论了席卷多国的政治不稳定问题。第七章，也是本部分的最后一章，聚焦于我们面临的挑战。第七章作为向第二、三、四部分的过渡，提出了本书的问题，即我们是否能够实现预期并重新获得对金融的合理控制权，使金融更好地服务于人类的共同利益。我谈到了可能正确的道路，以及做出正确、勇敢的决定可以带来的好处。

第一章　千年首脑会议的美好希望

英国女王提出了一个正确的问题：为什么没有人注意到这一点？很多人认为，我们已经找到了持续与共同繁荣的秘诀。我们相信，伴随着金融的发展，我们找到了推动世界的方法而不是拯救世界的方法。为了理解当前所发生的情况，我们需要回顾前几年，并提醒我们在第三个千年来临之际世界会是什么样子。同时，我们试图回答这个疑问：问题出在哪里？这是开篇5个章节的目标。第一章聚焦于危机发生前的几年，主要讨论为什么世界最终没有像2000年9月在纽约所计划的那样发展。它描述了危机发生的环境，并提出了需要重新考虑的金融问题。金融和金融改革不能被隔离开。

新千年的黎明给我们带来了巨大的希望。20世纪的最后10年让每个人都感到有点失落：人们在柏林墙倒塌、苏联解体、海湾战争，以及多个国家关于“全球化对一部分人有利，而对另一部分人则是噩梦”的争论中摇摆不定。发展、公共援助和国家动员还在起跑线上步履蹒跚。

新千年的象征性到来创造了一个历史性的机遇，使得我们有机会让一切都从零开始。

2000年的千年发展目标燃起美好希望

联合国的189个成员国抓住人们这一积极情绪来重申它们的信念：只有确保所有人的经济和社会福利，才能实现持久的和平与国际安全。各成员国的领导人希望制定和执行一项新的合作战略，以适应21世纪的现实和不断变化的需要。

2000年9月5日，联合国千年首脑会议在纽约举行，各成员国的领导人出席了会议，这也是世界历史上规模最大的一次国家元首和政府首脑会议。本次大会倡导每个项目都应当集中关注人类的理念，以构建一个共同向好的国际社会。最后，千年首脑会议通过了一项庄严的宣言，即《千年宣言》：促进公平和可持久发展的8项目标。这些目标在很大程度上是由联合国秘书长安南提出和推动的，预计在未来15年内实现。

《千年宣言》是一个转折点。人类历史上第一次为自己制定了统一的、可衡量的目标，它的形式与通常的声明或以前的“共识”存在实质性的区别。该决议将过去10年中在各种国际会议上确定的所有目标汇集成了一个统一的文案。“这是一项非常有益的举措，”我们的水资源工作小组在2004年指出，“（国家元首们）有可能忘记了这些目标。它涵盖了世界各国需要为人类社会所做的一切任务——包括北半球和南半球。这些内容应该出现在每个学校的课堂上，悬挂在每个市政厅的墙上。”[1]

千年发展目标（Millennium Development Goals，简称MDGs）确立了八大原则和具体目标，构成了一项全球行动计划，可分解为20个可量化的任务，每个任务分别由60个统计指标衡量。这项计划从所有维度上为对抗极端贫困问题提供了准确、可量化的衡量指标。理论上，每个国家的预算都应当反映这些优先事项，因为它们是从“尊重整个人类大家庭的基本目标”出发的。

联合国千年发展目标
1. 消灭极端贫穷和饥饿
■ 2009—2015年，靠每日不到1美元维持生计的人口比例减半。 ■ 2009—2015年，挨饿的人口比例减半。
2. 实现普及小学教育
■ 确保到2015年，世界各地的儿童，不论男女，都能上完小学全部课程。
3. 促进两性平等并赋予妇女权力
■ 争取到2005年消除小学教育和中学教育中的两性差距，最迟于2015年在各级教育中消除这一差距。
4. 降低儿童死亡率
■ 1990—2015年，将五岁以下的儿童的死亡率降低2/3。
5. 改善产妇保健
■ 2009—2015年，将产妇死亡率降低3/4。
6. 与艾滋病，疟疾和其他疾病做斗争
■ 到2015年遏制并开始扭转艾滋病毒或艾滋病的蔓延。 ■ 到2015年遏制并开始扭转疟疾和其他主要疾病的发病率。
7. 确保环境的可持续能力
■ 将可持续发展原则纳入国家政策和方案，并扭转环境资源的损失。 ■ 到2015年将无法持续获得安全饮用水和基本卫生设施的人口比例减半。 ■ 到2020年使至少1亿贫民窟居民的生活有明显改善。

8. 制定促进发展的全球伙伴关系
■进一步发展开放的、有章可循的、可预测的、非歧视性的贸易和金融体制。 ■满足最不发达国家的特殊需要。 ■满足内陆发展中国家和小岛屿发展中国家的特殊需要。 ■通过国家和国际措施，全面处理发展中国家的债务问题，使债务长期可持续。 ■与发展中国家合作，为青年创造体面的生产性就业机会。 ■与制药公司合作，在发展中国家提供负担得起的基本药物。 ■与私营部门合作，普及新技术，特别是信息和通信的优势。

千年发展目标仍然聚焦于公共行动、公共影响和公共方法。2002年，在墨西哥蒙特雷（Monterrey）召开的联合国会议上，这些内容有所改变。但国际合作并不是真正横跨多家企业、金融机构和公民社会的多维度合作，它仍然局限于各个国家之间的关系，但伙伴关系的概念正在逐渐受到重视。根据联合国重申的团结原则，发展资金主要集中于从北半球国家向南半球国家的财政转移，其中包括双边转移的方式，即通过取消受援助国家的一部分债务来平衡公共资金。

人们对这种为人类共同利益服务的共同资源调动是没有质疑的，至少在全球经济仍然保持着强劲势头之时是这样的。我们仍然处于后来经济学家称之为“大缓和”的时代，全球经济增长由国际金融体系支持，这个金融体系在创造和重新分配财富方面似乎非常高效。此时，实现千年发展目标所面临的挑战首先是增加国家和国际机构对官方发展援助（official development assistance，简称ODA）的贡献的挑战。[2]人类能够实现这些目标吗？问题的答案取决于公共部门。

15年后——我们做到了吗

尽管我们显然可以做得更好，但人类在2000年团结起来的非凡势头，促使我们在未来的15年中实现了空间数量的目标。在不到一代人的时间里，发达国家的官方发展援助增加了2/3，从810亿美元增加到1 300多亿美元。[3]偿债比率下降至2000年水平的1/4，进而减轻了发展中国家的财务负担，即使这样做并不能使财务负担下降到可持续的水平。[4]

这一历史性的进步要归结于诸多因素，其中以经济增长为首，最引人注目的是中国的经济增长。正是这个原因使得很多发展问题目前处于解决的过程中。例如，截至2013年，国际贫困线以下的人口已经减少了5亿。[5]截至2008年，艾滋病治疗的普及、农业生产力的提高、教育水平的提高，以及清洁用水和卫生设施的普及，都取得了实质性进展。[6]截至2010年，无法获取改善饮用水人群的比例下降了1/2。2012年，联合国确认将能够在2015年前实现全球减贫的目标。大约2亿贫民窟居民的生活条件得到了改善——这个结果已经超过了原定目标。2012年，男女初等教育平等的目标也已经实现。[7]这是我们已经实现了的一半。

当然，重大的挑战仍然存在。首先，我们仍然看到各国之间以及各国不同人口之间存在着巨大差异。中国实现了经济的快速增长，但非洲、欠发达国家、内陆国家和小型孤立发展中国家的进展却参差不齐。同时，还有一些千年发展目标尚未实现：孕产妇、新生儿和婴儿健康，以及消除饥饿。2013年，仍有1/8的人饿着肚子上床睡觉。[8]尽管各国做出了一致的努力，但官方发展援助仍没有达到目标水平，即每一个发达国家国民生产总值（GNP）的0.7%，而这个目标是40多年前确定的。这是我们还没有实现的另一半。

人类计划与现实的干预

新千年伊始的前15年并没有按照人们所计划的那样展开。世界变得越来越复杂，很多事件都出现了戏剧性的转折。我们仍然无法确定这些改变会让我们走向何处。我们所接触到的变化是多方面和深远的，它们的影响仍然存在。

一种新的经济地图学：新兴世界的崛起

第一个重大的转变完全重新描绘了世界经济版图。2013年年初，当我收拾行李准备从巴黎迁至华盛顿时，我偶然翻到了一盒资料，里面装着我准备上商学院之前所做的笔记。1985年和1986年，我们还依旧谈论着苏联的计划经济及斯大林（Stalin）和勃列日涅夫（Brezhnev）的改革。这些话题现在看来非常古怪！当时，亚洲四小龙（韩国、中国香港、新加坡和中国台湾）和日本一起被西方国家视为强劲的经济势力：中国前途未卜，印度被认为是注定的败局，而巴西则被笑称为一个“有潜力”却没有能量的国家。G7国家主导着世界，欧洲联盟正在崛起。在2000年之前的几年间，我们仍走在过去的老路上——当时，我们甚至还没有“金砖四国”（巴西、俄罗斯、印度和中国，此说法始于2001年。在2011年南非加入，成为金砖五国）。今天，我们理所当然地认为，强大的经济竞争对手的出现给传统经济强国带来了冲击——然而，即使是在2000年，谁会相信中国将在可预见的未来超过美国成为世界第一大经济体呢？[9]谁会相信法国将被这两个经济巨人甩在身后，只能痛苦地排在第9位，而紧随其后的是印度、日本、俄罗斯、德国、巴西，甚至是印度尼西亚呢？[10]谁会相信，2012年，印度会产生如此高的国民生产总值，而印度和中国的国民生产总值相加，将很快有望超过G7国家国民生产总值的总和？[11]新兴经济体日益增强的力量使得世界经济版图开始转变，这可能会对发展基金产生巨大且严重的影响。

人口问题盛行

第二个重大的结构转变与第一个重大的结构转变紧密相关，尽管我们经常低估了它们之间的联系，那就是世界人口结构的失衡。今天，我们的人口比2000年多了10亿，地球上总共有70亿居民，而预计到2030年，地球上还要增加10亿居民。然而，这种人口爆炸并不是均匀分布的：一些国家的人口正在老龄化，而另一些国家的人口正在年轻化；一部分国家的人口正在衰减，而另一部分国家的人口正在膨胀。这些人口统计学方面的变化正在重新定义全球经济势力之间的关系。人口老龄化意味着人均收入下降和医疗费用增加，这给国民生产总值造成压力，减少了创新，导致国家经济增长放缓——更不用说军队规模变小，削弱了军事影响力。

像日本和欧洲国家这样的老牌工业国家——也许很快美国也会加入其中，应该选择建立移民壁垒，因为它们的人口数量还在下降，存在被人口较年轻的国家取代的风险，比如印度尼西亚、巴西、墨西哥、土耳其；更长远地考虑，它们也有可能被撒哈拉以南的非洲国家取代，这些国家正处于人口繁荣的中期（到2100年，非洲大陆的人口将占世界总人口的1/4）。而处于中间情况下的中国非常有趣：这个新兴的力量可能会在它变得富有之前就出现老龄化，因为在过去的两年里，中国的活跃人口减少了，这是实行35年的独生子女政策（现在正式结束了）所带来的结果。[12]移民限制也对中国产生了影响，因为其在美国和欧洲产生的影响较小。新兴市场能够扭转这一趋势吗？结果是不确定的。中国人必须将人口“比重”转变为人口“红利”，以支持经济增长——这意味着他们必须要成功地吸引更多的处于工作年龄的成年人，而不是在成年人监护下的儿童。但有一件事是肯定的：在一代人的时间里，这些人口趋势已经开始重塑全球等级制度。

飞速发展的城市化

人口爆炸的另一个后果是，美国及其他地区城市化的迅猛发展和大都市的出现，这本身也是过去15年的一个根本性变化。“谁知道这座城市？”麦肯锡全球研究所（McKinsey Global Institute）的三位董事问道。[13]他们想起了库马西（Kumasi），这座位于加纳的城市拥有数百万人口，但大多人却没有听说过。像库马西这样常住人口超过100万的城市正在如雨后春笋般地出现在全世界的新兴地区，这些城市增长的速度如此之快，以至于我们没有时间去记住它们的名字。仅中国就有40个这样的城市，以洛阳为例，它拥有200多万常住人口。[14]非洲也出现了50多个大城市。与此同时，尽管已经有超过一半的人口居住在大城市，但仍有一部分不知名大都市的人口在逐渐增加，这些大都市正在与各国政府争夺权力。麦肯锡全球研究所的两位作者认为，到2025年，中国的一个区域性城市——天津，将拥有相当于瑞典的国民生产总值，而在接下来的几十年里，世界经济增长的1/2将来自全球的440个城市，比如库马西或巴西的圣卡塔琳娜（Santa Catarina）。用国际术语来讲，这种“次主权”的繁荣对于经济、政治，甚至文化方面的地区和全球力量的架构都具有重要意义。我的妻子在从上海开车两小时后到达一所崭新而巨大的大学里发表演讲时发现了这一点，这所大学就是杜克大学（Duke University）的合作伙伴（昆山杜克大学）。世界不再仅仅以索邦大学（Sorbonne）、牛津大学和哈佛大学为中心。

另一个关于城市化的重要问题是城市的可持续发展，以及城市应对人口激增的能力，即是否有足够的基础设施和措施来消除不平等。人类的集中需要现代化和合理化，换句话说，这需要大量的投资；然而，即使他们知道从哪里开始，也并非所有城市都能做到。举个例子，我与喀布尔市（Kabul）市长穆罕默德·尤努斯·纳旺迪施（M. Y. Nawandish）先生就这个话题进行过一次有趣而又富有感情的谈话。喀布尔市现在拥有700万人口和100万辆汽车，令人惊讶（相比之下，2002年美国进入阿富汗时，这里只有60万居民和几十辆汽车），一个城市怎么能接纳这么多涌入的人口呢？这里几乎没有铺好的道路，水和电的供应都不稳定，而人们在街道上也是不安全的。解决哪一个问题才是第一优先的呢？

在前往雅加达的旅行中，我也同样被感动到。雅加达在让印尼经济以难以置信的速度增长的同时，也仍然存在着严重的不平等。它为印尼提供了一个窗口：我早上参观了最糟糕的贫民窟，但几小时后，就出现在贝尔和罗斯精品店（Bell & Ross boutique）的旁边，看到巨大的玛莎拉蒂（Maserati）零售商在市中心的商店里展示商品，这是一个惊人的对比。这动摇了我对千年发展目标的看法：尽管我们在技术上已经实现了“到2020年使至少1亿贫民窟居民的生活有明显改善”这一目标，但城市化发展得如此之快，以至于我们并没有改善更多其他人的生活条件。[15]

全球金融危机的第一个暗示

近年来，另一个让情况变得更加复杂的转变就是2007—2008年的金融与经济危机，这次危机的规模是2000年的所有人都没有预料到的。我们将在第二章对此进行进一步的探讨。现在，我们只需要记住这样一个事实：这场危机已经被证明可能比1929年的危机还要严重，它导致我们进入了历史上最黑暗的时期之一。的确，2007—2008年，我们担心自己距离全球金融体系的崩溃仅有一步之遥。而当我们看到这个体系可以继续维系时，就重新洗牌：世界已经从一个以银行为主导、以债务为基础的体系，转向了一个由养老基金这样的机构投资者和资产所有者主导的体系。就其对经济和发展筹资、货币政策、投资技术等方面的影响而言，这是一个重大的转变。同时，这场危机还催生了一个看起来不符合情理的体系，在这个体系中，高达1/3的全球公共债务曾一度以负利率的形式收缩，而"中央银行"的名声也比以往任何时候都要好。简而言之，这场危机在金融层面触发了全球经济衰退的长期循环，并威胁到了2000年所制定的许多发展目标。例如，2007—2008年和2013年，全球就业赤字增加了6 700万人，尤其对年轻人的影响较大。[16]而从长期来看，官方发展援助的增长速度放缓，主要会对那些已经最为脆弱的国家构成威胁。

全球私营部门的行动

21世纪前10年的发展带来了另一项具有决定性意义的转变，在我看来，这一项转变更为积极：不是承认"历史的终结"，而是承认私营部门和市场经济在发展中的作用。这可能是2000年以来最显著却最不明显的改变之一。尽管千年发展目标的战略在很大程度上依赖于官方发展援助的增长，但在这15年中，与其他资金来源相比，官方发展援助实际上已经下降了。这些资金来源包括外商直接投资，资金转移（汇款）等，而从更广义的角度来讲，还包括私营部门的北—南和南—南投资的流入。我们看到了一场真正的拉锯战：2015年，官方发展援助的年度流入和年度流出之和为1 350亿美元，相比之下，从2014年起发生的移民资金转移就达到了4 350亿美元。这个令人印象深刻的数字每年都在增长，但它本质上却是脆弱的：来自格鲁吉亚、哈萨克斯坦和中亚的移民在俄罗斯的石油行业工作，他们因石油价格下跌失去了工作，而且许多人发现自己无法把钱汇回自己的祖国。我们应当密切关注这类问题，因为一部分国家已经开始依赖这部分资金来源：移民的资金转移占塔吉克斯坦国民生产总值的42%，占吉尔吉斯斯坦国民生产总值的32%，占尼泊尔国民生产总值的29%，占摩尔多瓦国民生产总值的25%。[17]这种逆转要求我们重新考虑这种情况：官方发展援助在其中可以扮演什么角色？如何最好地利用这些宝贵的资金？如何将这些公共转移资金转化为发展的催化剂？

我们已经知道，私营部门（包括大型企业、中型企业和小型企业）不是恶魔，而是增长的引擎，因此，找到这些问题的答案就更加重要了。据世界银行估算，在未来15年内我们需要创造出6亿个就业岗位，或者每个月需要新增300多万个就业岗位，只有这样才能跟上人口增长的速度。公共服务部门的就业岗位显然无法满足这一需求！我的非洲之行也支持这种观点：撒哈拉以南国家的领导人面临的主要问题是如何创造足够的就业机会，因为这些国家的就业市场每年都会增加数十万甚至数百万的年轻人。这个问题在像科特迪瓦（Côte d'Ivoire）这样的国家中更为关键，科特迪瓦正从10年内战中走出来，需要让成千上万的儿童兵重返社会。当世界银行为砖瓦工、木工、美发和类似的职业设立培训项目时，必须让毕业生有能力利用这种培训找到一份工作并融入实体经济，否则我们就会谴责世界银行让这些年轻人再次拿起了武器。非常有趣的是，促进这种环境的关键之一是重视良好的投资环境、治理环境和商业环境。[18]

数字革命：正在发生

最后，让我们不要忘记数字革命的普遍性，不要忘记2000年以来全球发生的巨大变化，以及它带来的所有机遇和陷阱。当我们进入第三个千年的时候，尽管我们仍然无法摆脱世界范围内的2000年千年虫带来的恐惧，但我们仍然在想，除了变成一个闪亮的小工具之外，互联网还会变成什么样子。15年后，很多企业都亲历了它带来的效应：像柯达一样，很多公司都倒闭了，因为它们无法适应新的世界。在这个新世界里，任何智能手机的马力都达到了1969年美国国家航空航天局（NASA）超级计算机的100倍，而这台超级计算机曾将我们送上月球。很多事物在不到一代人的时间内都发生了变化，就像开发出了“一种新型人类”。米歇尔·塞尔（Michel Serres）将此生动地描述为“拇指姑娘”（Thumbelina）：我们的子孙现在是数字原住民（digital natives），他们“不再拥有相同的身体、预期寿命或交流方式，不再感知世界，不再生活在同一个环境中，不再占据同样的空间”。[19]对这一代人来说，“语言发生了改变，劳动力发生了突变”。[20]在短短几年内，智能手机的销量从不到10亿部增加到了60多亿部！[21]

这场革命给我们带来了许多希望，而这些希望是我们在15年前做梦也不敢想象的。通过支持知识的获取和商业相互依赖的全球性，今天的信息和通信技术有可能会加速人类的进步，减少不平等并孕育出学习型的社区，极大地促进医药、能源、汽车制造业和农业等领域的科技创新。在这个数字时代，我们或许会有能力解决全球的饥饿问题，因为我们每一天都更加精确地知道如何改善土壤、如何灌溉以及什么时候是收获的最佳时机。但更重要的是，我们知道如何存储、分配和交易产品。人类从来没有像现在这样容易或便捷地进行过互动，我们也从来没有像现在这样有如此多的选择。

同时，我们已经进入了一个企业因“优步化”的概念而惊慌失措的时代。在这个时代，企业被谷歌、脸谱网、亚马逊、爱彼迎这样的公司“优步化”，当然还包括优步（Uber）本身。借用萨利姆·伊斯梅尔（Salim Ismail）的术语，[22]这些“指数型组织”（ExO）可以从现有的数据和网络效应中创造出一种竞争优势，从而建立一个10倍于旧线性模型组织影响力的破坏性模型。这些组织能够比任何人都更有效地利用全球经济的转移，从而实现从基于政治的变革到基于消费者自由的范式转变——然而，数字革命的另一个结果是，它必须同时被纳入金融和政府事务，就像这两者交织在一起一样。随着“金融科技”（金融技术）的出现和区块链带来的变化，现有的金融参与者也受到了数字革命的威胁。尽管现在说这个还为时过早，但商业模式可能会以前所未有的规模发生巨大变化。

全球关注的新问题出现

新的全球关注点以及超越传统的全球公共产品的新问题的出现，也迫使我们用新的眼光来看待这个世界。例如，对气候变化和难民问题的关注。2000年，气候变化仍然存在争议，但现在它已成为一个被普遍接受的事实，同时，我们知道，生活在贫困之中的人们会受到全球变暖最首当其冲和最持久的影响。我们已经没有更多的争论空间——我们必须从全球层面出发，与地方、区域和国家进行协调，即便特朗普总统让美国退出《巴黎气候协定》的决定再次引发了一些讨论。同样，难民问题也影响着整个国际社会，我们不能通过建造围墙来解决问题（除非这些墙是最无耻的煽动者的标志）。这些问题影响了一直延续至今的金融模式。

女性地位提升：正确的事和聪明的事一样

我永远也不会忘记在2000年担任世界银行领导时的经历。当时，我作为世界银行的领导出席塞内加尔（Senegal）达喀尔（Dakar）的国际妇女日活动。我从来没有想过自己会有如此难忘的经历。在与50名来自不同领域（包括记者、律师和公务员）的女性共进晚餐后，我们观看了一部电影。在这部电影中，塞内加尔人沿着梯子向上爬行，其中包括两名年轻女子，这表达出她们希望有一天能达到和男性一样的高度。我的反应是："我们还处在这样的阶段，多么可怕啊！我梦想有一个世界，在这个世界里，女人紧紧地抓住梯子，向下把男人拉到她们的高度。从男性和女性两种视角来看，多样性都是一种不可估量的财富。我无法想象一个只有男人或者只有女人的世界。"尽管我们有一个重要的国际议程，但在21世纪初，这还很少成为讨论的问题。但现在，正如我将在第十四章中讨论的，我们透过性别的棱镜看到了这个问题在金融领域中的缓慢扩散。

适当的治理：游戏的新名称

不可否认，我对21世纪前15年的总结并不详尽，在结束这部分内容之前，我想再提出一些新的东西：人类预期的提高更多地是基于治理问题。2000年的时候，"治理"（governance）这个词在当前的意义还几乎不存在，那时，我们更多提到的词是"政府"（government）。这种治理理念的出现反映了一种全新的全球化管理方式，正如我们的水资源工作小组在2004年所提到的：

> 治理是一种管理方法而不是一种由政府构成的系统……治理是一个由公共权力、私人利益（工业、农业、商业）以及消费者和用户组成的公民社区所定义的三角形。而这个三角形的大小因城市、国家或国际水平的不同而不同。……它意味着……公共权力被剥夺了作为普遍利益的

唯一代表的角色。它们……不再仅仅代表国家、国家预算和主权国家的利益。[23]

换句话说，在一代人的时间里，我们已经从生活在威斯特伐利亚（Westphalian）的世界转变为生活在一个更加复杂的世界。前者由国家权力主导，而后者则是私营部门和公民社会共同参与决策。我们现在正置身于这样一个世界，在这里，我们能够就人类的共同目标达成国家之间的协议。但这个世界却更加难以控制，在这里，我们必须完全重新架构我们的想法，以便在不损害合法性的前提下提高效率。所有这些内容都不是显而易见的，我们将在第九章和第十章中看到，政府与治理之间的相互作用为何常常是痛苦的，为何它们会产生分歧。

现在该怎么办

2015年是国际社会实现千年发展目标的最后期限。尽管我们已取得显著的进展，但我们还远不能根除世界的弊病。同时，新的问题也出现了。我们对全球化的未来从未如此不确定。

尽管自2000年以来世界发生了翻天覆地的变化，但我们仍不能放弃改善国际社会的行动。我们的观点也许已经一变再变，但这并不意味着我们要放弃自己的想法。2012年，世界各国领导人在里约热内卢参加联合国可持续发展大会（United Nations Conference on Sustainable Development）时，制定了新的2030年共同目标，以确定国际合作的大局。除此之外，这次会议还提供了一个指南针，同时我们的优先事项并没有改变：消除地球上的极端贫困。但任其沿着自然趋势发展和进化是不够的，我们还需要手段和意愿去实现它。就像1960年肯尼迪（Kennedy）选择登月一样，我也有一个梦想：我们应当选择做一些必要的事情来消除极端贫困，这样做不是因为它们很容易，而是因为它们很困难。

话虽如此，我们不能忽视世界近期的动荡和新兴的希望。看起来不可思议的是，我们要像在2000年所做的那样重新开始计划一项支持发展的全球性承诺。联合国知识小组强调了这样一点：

为了实现可持续发展的愿景，我们必须超越千年发展目标。千年发展目标对最贫穷和最受排斥的人给予足够的关注，但却对冲突和暴力对发展产生的破坏性影响保持沉默。千年发展目标没有纳入促进良好治理和保证法治、言论自由以及公开和问责政府机构的重要性，也没有包括通过包容性增长来提供就业机会的需求。最严重的是，千年发展目标没有像《千年宣言》所设想的那样，将可持续发展的经济、社会和环境方面的内容融合在一起，也没有提出促进可持续的消费和生产模式的要求。其后果是环境和发展一直没有被合理地整合在一起。人们在努力工作，但往往在相互关联的问题上各自为政。[24]

我们怎样才能让世界重新参与到可行的行动计划中呢？我们仍然依赖于国际合作的系统，但这个系统大量沿袭了20世纪的特征，包括系统中的明显缺陷。我们如何提供手段去实现我们的目标呢？我们如何对新的可行性计划进行优先资助呢？而旧的系统距离崩溃的边缘又有多远呢？同时，我们可以避免完全重新创造一个系统吗？我们能实现平稳的过渡吗？显然，正如我们将在第三章中更详细地讨论的，过去的金融架构不仅没有拯救世界，反而导致世界几近衰落。未来金融的发展必须要考虑本章所提到的转变：新兴力量的作用、数字革命以及新的需求和新的参与者。

为了避免重蹈覆辙，我们必须关注金融体系。它将帮助我们回答今天所面临的问题，这一点与威廉·巴特勒·叶芝（William Butler Yeats）“第二次来临”中的观点相呼应：这个中心还能够维持吗？除此之外，这个中心能够重塑自我吗？

第二章　2007—2008年的金融危机

现代经济史可以被非常明确地划分为危机前时代和危机后时代。2007—2008年，世界经历了自第二次世界大战或者20世纪30年代以来的最严重的金融危机。我们至今没有完全从危机中走出来，而我们也依然不确定中心能否继续维持当前的规模，这里的中心可以被理解为人类让系统继续工作的能力。一个看起来如此牢固的系统是如何走向崩溃边缘的呢？在把人类的共同利益引入推理之前，我们需要了解已经发生的事情的逻辑。巴别塔（Tower of Babel）如此美丽，我们还能把它建得更高一些吗？我们可以从这次重大的危机中吸取很多教训，如果我们想要让世界和经济步入一条有意义的轨道，那么这些教训就值得认真考虑。

1944年的奇迹：布雷顿森林体系

一切都始于1944年的夏天，《布雷顿森林协定》在美国签订。可怕的战争让西方世界四分五裂，因而当时的当务之急就是努力重建西方世界，同时确保加强国际贸易的金融稳定。人们吸取了20世纪30年代的教训：主要发达经济体同意建立一个固定汇率制度，主要由金本位和美元构成，在这种制度下，美元是唯一可以兑换成黄金的货币。各国中央银行的使命就是维持本国货币与参考货币之间的固定汇率。然而，在必要时，固定汇率可以在国际社会的谨慎监督之下进行调整。在经济强劲增长的背景下，由于该制度受到了监管（限制国家之间的资本流动和国内信贷，以避免国际投机和国内债务），因此，在20世纪50年代和20世纪60年代，这个体系运行得相对较好。

美国经常账户余额的枯竭（主要是由于美国政府为越南战争提供资金支持），敲响了这个监管良好的机制的丧钟。由于整个汇率制度由美国的黄金储备提供信用支持，因此，美国黄金储备的消耗削弱了合作伙伴的信心。你可能还记得，当时夏尔·戴高乐（Charles de Gaulle）表达了他想用法郎兑换黄金的愿望，并且准备这样去做。1971年，美国面临着整个黄金储备向主要出口国家转移的情况，尼克松总统决定中止美元与黄金的兑换。这一决定标志着国际金融制度转折点的出现：从固定汇率制度转变为浮动汇率制度。1976年《牙买加协定》(Jamaica Accords)“正式”采纳了这一制度，承认汇率自由浮动的合法性。至此，中央银行不再需要持有充足的外汇储备以维持固定汇率。

系统的解体与良好润滑系统的隐藏缺陷

1979年，玛格丽特·撒切尔（Margaret Thatcher）出任英国首相；1980年，罗纳德·里根（Ronald Reagan）当选美国总统。他们开启了广泛的金融自由主义革命，进一步埋葬了《布雷顿森林协定》。发达国家以及越来越多的新兴国家都解除了对跨境资本流动的限制，赋予了国际商业银行更大的作用。同时，大部分国家取消了对国内信贷的限制，房地产融资开始飞速增长，债务飙升，名义资金流动增加，其规模数倍于“实际发生”的资金流动（如贸易与投资）。

20世纪80年代和20世纪90年代的金融市场自由化让全球进入了一个放松管制和巨额债务的时代。在自由竞争的背景下，金融市场之间的相互交织越来越紧密，用阿代尔·特纳（Adair Turner）的话来说，“金融市场和其他市场一样”，信贷成为“一种类似于其他产品的产品”，以“最低的成本和最优的数量”提供。[1]家庭债务不再为新的资本投资提供资金，而是用于购买已经存在的资产，尤其是房地产。

这种机制有其自身的优点。在金融市场自由化及全球金融改革的30年中，全球贫困人口减少的幅度超越了人类历史上的任何时期：1980年，全球大约有50%的贫困人口，而今天这个比例只有10%。[2]正是由于这种发展动态，联合国才能够非常正式地确认到2030年消除地球上的贫困是我们力所能及的。基于我们所做的积极权衡，在传播幸福、以最佳方式分配资源以及创造无通货膨胀的增长的过程中，金融是最关键的因素之一。

但与此同时，西方国家也负债累累。人类的生活依赖于信贷——无论一国的经济规模是大还是小，政府、银行、企业、家庭都在这场危险的游戏中扮演着各自的角色。无论何处，金融都比“实体经济”所占的权重大。阿代尔·特纳指出，1950—2000年，美国和英国的金融市场份额增加了两倍；在发达经济体中，1950—2006年，私营部门的负债率从平均50%增长到平均170%。同样，国家之间的资本流动也比实际的长期投资增长得快得多。[3]金融活动在GDP中的占比分别在1929年和2007年达到峰值，我们很难相信这只是一种巧合。债务这台提款机正处于过度运转的状态，以至于产生了一些众所周知的反常现象，比如西班牙和中国的空置建筑，以及工厂以一半的生产能力运行。

当伊卡洛斯飞得离太阳太近时：不顾警告，过度自信

警报已经响了好几次，但没有人想要注意那些看起来像在喊“狼来了”的人。1998年的亚洲金融危机是20年来全球出现的第五次严重的货币和金融危机。大多数经济学家以及金融监管机构和中央银行，都想要寄希望于自由债务创造的良性循环以及服务于经济增长的证券化等金融创新的倍增。[4]他们认为，只要这个体系看起来是合理的、有利的、对社会有用的，只要确保其处于中央银行的掌控之中，由最优秀的人来管理，为什么还要担心呢？[5]

这个系统越来越复杂，风险的控制与分散机制也越来越复杂，这些特征在某种程度上代表了一种稳定的措施：我们越是分散风险和债务，系统似乎就越能够进行自我修正。阿代尔·特纳指出，在次贷危机前夕，抵押信贷体系和影子银行的复杂性“令人震惊”[6]：

> 纽约联邦储备银行（Federal Reserve Bank of New York）尝试在一张地图上标出所有可能的线路和关联关系。它将结果打印在一张90×120厘米（35×47英寸）的纸上，并建议任何想要了解这个系统的人都这样做。在一张这么小的纸上把线路图描绘出来是不可能的，并且，阅读说明书就已经很困难了。[7]

但是，这种复杂性让人安心，同时还保持了“大缓和”的假象。

我并没有真正理解系统中的过度行为，直到我作为一名投资银行家，先后在伦敦的拉扎德和纽约亲历了互联网泡沫的膨胀和破灭。我几乎没有离开过财政部，一直保持着法国技术官僚的理性，但我发现自己

置身于一个毫无意义的世界，在这里你必须在所有向客户推销的广告中加入“.com”的元素。我亲手创造了两个网站——“WHSmith.com”和“Sainsbury.com”。然而，最糟糕的是这种做法居然奏效了！

举个例子，一家认证机构[8]的主要参与者在2000年见证了自己的股票价格飙升，但是，股票价格的上升仅仅是因为这家认证机构与一家公司签订了一份合同，而这家公司是一家自称为中国对外贸易门户网站的公司，押注于“先发优势”和“赢家通吃”：那时候，人们可以非常严肃地、不苟言笑地计算出，指数型增长的最低交易费用最终会落到率先进入市场的认证者的口袋里，从而使机构的价值迅猛增长。例如，维旺迪（Vivendi）在当时由让-马里·梅西耶（Jean-Marie Messier）领导，他从一个不知名的人那里获得了“vizzavi.fr”网站，这个人已经以“相对合理的价格”——2 400万法郎（相当于今天的400万美元！）申请了这个用户名（vis@vis），这些价值不再有任何意义。投机泡沫一直到崩溃前都在稳步增长，而在崩溃之时则出现了资产贬值、机构破产以及我们都记忆犹新的经济衰退。太多的资金被清零了。

尽管警报响起，但金融的作用毋庸置疑

这种弊端和一种不可触及的金融体系的幻觉还继续存在着。从这个角度而言，2001年9月11日是令人深思的。那一天，全球金融中心受到了沉重的打击。我在拉扎德的办公室位于洛克菲勒中心（Rockefeller Center）一栋大楼的61层，可以一览无余地看到世贸中心。当时，我从这间办公室的窗户目睹了这场人类的悲剧。当时在场的人都永远不会忘记：那是一个美丽的秋日……然后一架飞机在我们眼前撞上了双子塔（Twin Towers）。工作人员疏散了我们大楼里的人，而电话网络拥挤，谣言四起，恐慌不断加剧。我们站在大厅里，而街道对面的美国广播

公司（NBC）总部仍然滚动播放着早间新闻，和每一个平常的日子一样——今日股票价格上涨，迈克尔·乔丹（Michael Jordan）重返NBA，两架飞机撞击双子塔，气氛非常诡异。随后，我们被允许返回各自的家中。一周后我去了现场，瞬间被一股强烈的石棉气味和地上堆着的写着无数人名字的信笺所震撼。我被一种失落感压倒了，但事情很快恢复了正常。灾难发生后的第二天，我接到了一个日本客户的电话，他在双子塔其中的一座工作。他告诉我，我们上一周工作的所有数据都丢失了，让我与东京的工作人员交涉，这样我们就可以向前推进并重建文件。“9·11”事件的影响令人震惊，但同时，人们的生活依然在继续，这让人感到安心。华尔街也迅速恢复了业务，即使股市出现了下跌（很自然的结果）。金融体系表现出了惊人的弹性，就好像所有的参与者都想表明，他们不会让它倒下。华尔街在受到袭击后的几天内就恢复了工作，这个事实似乎强调了金融体系非凡的弹性。和当时的许多人一样，我感到困惑。美国对阿富汗和伊拉克的战争反而有助于改善整体经济的健康状况。也就是说，“9·11”恐怖袭击事件导致了这样一种观点——金融是一座巴别塔，笼罩着我们所有人，我们可以盲目地相信它。

2007—2011 年：巴别塔的陨落

必须发生的事终究会来临。它只需要一粒沙子，就可以堵塞整个机制，使系统发生内部爆炸。我们在没有人引导的情况下远离了金融。2007 年夏天爆发的次贷危机尖锐地提醒我们，这是一种极为不理智的盲目力量，它是有动机的参与者的玩具，这些参与者往往不同于签署《千年宣言》并就千年发展目标达成一致的人。

从 21 世纪初开始，以房产价值为基础的低质抵押贷款被不计后果地发放给了信誉较差的美国家庭。这种想法是基于快速且持续上涨的房地产价格，然而，却没有人考虑到价格的下跌。[9]通过将这些抵押贷款转换、证券化和市场化，借助日益复杂的捆绑方法和金融建模，金融机构向市场提供了收益率更高的产品。本来，2007年年初美国房地产市场的300万户家庭的违约就足以导致这个国家的银行陷入混乱并引发国际金融危机，但事实上，整个金融产品体系的基础就是高风险的组成部分。因此，次贷资产实际上被分散到了地球的各个角落，使金融体系暴露于风险之中，而我们却认为这些风险通过分散被稀释和分配给了“胃口”更大的人。亨利·德·卡斯特里（Henri de Castries）时任安盛集团（AXA）的首席执行官，他使用了一种特别强烈的形象来概括当时的情况——次贷危机就像裹着沙拉酱的凤尾鱼。它们本身体积并不大，但如果它们腐烂了，就足以毁掉整个沙拉。[10]

这就是2007年一系列的内部爆炸发生之后，整个系统开始逐渐瓦解的原因。随后的连锁反应让参与者感觉自己好像是坐着平底雪橇滑下斜坡，没有办法停下来。就我而言，在危机开始之前的一个星期，我刚刚加入位于巴黎的法国农业信贷银行，管理这个世界上最大的银行之一的金融部门，其资产负债表上的资产超过2万亿美元。突然，我就站在了飓风的中心。

2007年8月，法国巴黎银行（BNP Paribas）宣布暂时冻结三只有次贷风险敞口的基金，这暗示着，此次危机将不仅仅是一场美国危机。欧洲的中央银行，首先是欧洲中央银行（European Central Bank，简称ECB），被迫参与到市场救援中。2008年1月，一名魔鬼交易员让一家投资银行——法国兴业银行损失了50亿欧元。科维尔事件（Kerviel affair）曝光后，几乎相当于对法国兴业银行颁布了死刑令。这一事件导致市场进一步失控，同时对全球金融体系造成了更大的威胁。2008年3月，美联储（Federal Reserve）果断支持摩根大通（JPMorgan Chase）

以超低的价格收购投资银行贝尔斯登（Bear Stearns），消息传出后，华尔街亏损严重，市场陷入恐慌。

2008年9月15日所发生的事成为这场危机的里程碑：150岁的雷曼兄弟（Lehman Brothers）——美国第四大投资银行，申请破产，这是美国金融史上最大的破产案。对此，艾伦·格林斯潘（Alan Greenspan）有句名言："我从来没有见过这样的事情！"与此同时，著名的投资银行美林（Merrill Lynch）被美国银行收购，对全球金融的冲击变得更加严重。而随后，保险业巨头美国国际集团（AIG）宣布紧急出售200亿美元的资产。几天后，高盛（Goldman Sachs）和摩根士丹利（Morgan Stanley）放弃了投资银行的定位，向商业银行转型，即转变为接受存款并有权获得美联储再融资能力的普通银行。2008年10月3日，美国联邦政府通过了财政部长亨利·保尔森（Henry Paulson）拯救美国经济的计划。这次历史性的政府干预总计花费7 000亿美元。法国紧随其后，在2008年10月13日通过了一项支持国民经济融资的计划（事实上，这是一个支持银行机构的计划）。几天后，欧洲银行不得不重新调整资本结构。

在这个漫长而可怕的秋季，充斥着最疯狂的谣言和最大的不确定性，金融参与者几乎都失去了信心。每天早晨在法国农业信贷银行参加危机会议时，我们就会问对方："我们将不得不停止交易的新银行是什么？"因为我们向地球上的每一个交易员都发出了可怕的指令："不要交易。"我们很难做第一个把梯子撤走的人，但很显然，成为最后一个这样的人也是不可能的！最终，中央银行发现自己成了交易员最后的救援手段。2008年12月，金融家伯尼·麦道夫（Bernie Madoff）通过投资基金犯下了500亿美元的巨额诈骗案，黑暗的一年随着他被逮捕最终结束。玻璃杯满了！适可而止！这就像沃伦·巴菲特（Warren Buffett）

所说的带有深刻讽刺意味的话："当潮水退去，你才会发现谁在裸泳。"

接下来的2009年是国际主义和监管取得胜利的一年。2009年，继4月和9月分别在伦敦和匹兹堡举行的G20峰会之后，G20国家11月又在苏格兰的圣安德鲁斯（St. Andrews）举行了一次会议，G20的财政部部长和央行行长出席了会议。与会者为金融体系制定了一个框架，其中包括成立金融稳定委员会，在计算监管比率时考虑银行资产负债表的表外业务，改革会计准则，以及由经济合作与发展组织编制一份名单，列明拒绝与其他国家交换税务信息的国家。他们还就重启全球经济的措施达成了一致，特别是同意加强国际货币基金组织的资源。与此同时，美国和欧洲的银行宣布恢复盈利能力的公告也大量涌现。

令人不安的发展的停滞（如果我们可以这样表达的话，因为这段时间经济增长处于低谷）并没有持续太久。2009年10月出现的第一次紧张局势看起来将要引发欧元危机。新当选的希腊社会主义政府公布本国公共财政赤字占GDP的12.7%，而之前所公布的数字仅为6%。2010年1月，布鲁塞尔加入欧盟。2010年2月，由德国领导的27个欧盟成员国召开了一次峰会，试图解决这个问题。2010年5月，欧盟终于达成了一项关于希腊援助计划的协议：由欧盟和国际货币基金组织共同承担1 100亿欧元（全世界前所未闻的金额）的援助计划，以替换希腊痛苦的紧缩方案。几天后，轮到欧元区，因为在过去的3年里，欧元区动员了7 500亿欧元来支持受到各方攻击的单一货币，并加强了成员国的预算纪律。与此同时，为了安抚投资者，欧洲中央银行购买了740亿欧元的主权债务证券（尤其是希腊和葡萄牙证券）。2010年11月，欧盟向爱尔兰提供了财政援助。

在此期间，G20继续在协调金融和经济政策方面发挥着作用，多伦多和首尔峰会努力为可持续和平衡增长铺平道路。但是，2011年的夏天，国家领导人相继下台，再度引起恐慌：希腊总理帕潘德里欧（Papandreou）和意大利总理贝卢斯科尼（Berlusconi）迫于内部压力，在2011年11月辞职，这也是历史上的首例。2011年在布鲁塞尔举行的一场马拉松式的会议结束，这是两年来的第七次峰会，目的是拯救欧洲。当英国人拒绝法国和德国提出的改革方案时，人们的感觉是“欧盟28国已经不复存在了”（L’Europe à 28，c’est fini），就像2011年12月10日《世界报》（*Le Monde*）所报道的那样。这一声明提早了6年。2012年1月，法国失去了自己的AAA评级（此前法国总统曾将其视为国宝），再次引发了一股冲击波，同时也让人们感觉到，法国已经迷失了方向。这进一步增加了法国的混乱，就像以前在美国一样，2011年这种“灾难性”降级的最终结果是……降低贷款成本。你失去了优先地位，尽管由于利率的普遍下降，你需要支付的金额减少了。理所当然地，许多人想知道这是怎么回事。

金融危机让世界陷入不适的状态。没有一项真正的先例可以在我们进入未知水域时为我们指明航向，留给舵手的信任也所剩无几。同时，失去信任的不仅仅是“占领华尔街运动”的成员，同样的趋势还出现在不同国家。现在，世界勉强躲过了一场彻底的内部爆炸，但金融已经成为头号公敌，它与任何形式的共同利益都毫无关系。

第三章　一个重要的教训：信任缺失

史无前例的金融灾难的启示录

2007—2011年的经济衰退是由三重危机造成的，因此，它造成的影响远远超过“传统”过度债务危机的影响，同时，它也有助于解释危机的破坏力和破坏程序。

失控的创新危机

首先，这次危机是一次金融创新危机。证券化的迅速发展、表外业务的再融资工具以及巨额次级抵押贷款的积聚共同导致了失控的连锁反应，这几乎扼杀了整个金融体系。金融家被这样的理念吸引——金融体系可以推动经济的巨大进步，因此，他们改造了众多的金融产品，却没有努力地衡量这些产品将会带来的结果。最终，因果关系失效。金融家创造了债务，并用这些债务赎回了资产，而从中获得的利益鼓励他们创造更多的债务。金融创新让这类活动越发地具有创造力，直到失控。如果顺其自然，金融工具可以制造大量财富，直到泡沫破裂。套用拉伯雷（Rebelais）的话，我们可以从2008年的危机中吸取的最大教训是，“没有良知的金融只会让世界毁灭”。[1]如果能够驯服金融，那么它将是一个好仆人；如果任其发展，那么它就会变成一个糟糕的主人。它会不受控制，肆意奔跑，导致世界陷入灾难。美联储前主席保罗·沃尔克（Paul Volcker）曾为巴拉克·奥巴马（Barack Obama）提供金融改革建议，他尖锐地指出，很少有真正的金融创新，而最近一次真正的创新是自动取款机（ATM）。

我们不能忘记，金融市场可能且常常被非理性因素主导，这恰恰与传统课堂上讲授的内容相反。1987年10月，股票市场的崩盘就是一个例子。当时，道琼斯工业股票的平均价格指数（Dow Jones Industrial Average）在一天内下跌了22.7%，然而，没有任何新信息可以解释这次抛售。经济的确处于一个长期利率急剧上升的阶段，但是，为什么会出现“黑色”的一天呢？社会学家常常谈及“临界点”或“容忍阈值”，即一种单一现象变得普遍的临界时刻。就股票市场而言，这意味着在一定时期内，投资者忽视了一种趋势，直到这种趋势变得如此引人注目，以至于集体信心发生了转变。股市的变动从来都不是永久或固定的，而是以跷跷板和调整为标志，模仿与狂热相伴而生。17世纪，荷兰的郁金香就是这样。[2]在两周的时间内，在没有任何明显原因的情况下，郁金香价格从50弗罗林变为1 000弗罗林。当购买热潮来临时，大众蜂拥而至，然后，突然之间就出现了恐慌和崩溃。在这两种情况下，一种非理性又不可抗拒的力量控制了市场，推高了价格，直到价格突然破位并开始下跌，最后以又一次的崩溃结束。每一次，人们都说“这一次不一样”，[3]但这种现象却一次又一次地发生，总是让我们感到惊讶。

就2007—2008年的金融危机而言，其问题在于，尽管金融体系存在固有的非理性，但我们却比以往任何时候都更加迫切地希望相信，我们的金融工具具有绝对的理性和有效性。数字技术与金融的结合无疑助长了这种错觉的持续。算法工具推动金融参与者系统化地使用估值模型，并逐渐成为标准。这就是模型所带来的危险，模型从定义讲就是对现实的简化。人类总是倾向于寻找能够替代真实世界现象的东西，即便这样做只是为了让我们做出决策。金融模型的构建主要基于市场的平均情况，但在现实市场中，它们通常会偏离平均值，[4]而大幅远离平均值的情况更是时有发生，此时，人们甚至会忘记了这是一种异常的情况。模型会给出一些错误保证，如极端事件并不是没有限制的，并鼓励我们去测试这些极端值。从本质上讲，金融语言和数字语言属于同一种语言。这两种语言都是通用的语言，如果不加以限制，它们就会成为不可抗拒的力量。因此，二者的结合可能是爆炸性的，这种结合导致了2007—2008年的重大危机。受这种独一无二和不可抵挡的语言的影响，巴别塔的诱惑是古老而普遍的。

不完全的全球化危机

与此同时，2007—2008年的危机本身也是一次金融全球化的危机。金融的全球化始于1971年，伴随着国家之间的跨境资本流动的自由化以及日益复杂的信贷风险分布。全球化在20世纪70年代、80年代和90年代不断加强、不断推进，金融体系也在不断成长、扩散、相互连接，并创造出相互间的依赖性，以至于如果系统中的某一部分失效了，整个体系就会立即被削弱。

这意味着本次危机真的是“全球性”危机吗？我仍然能听到印度财政部长奇丹巴拉姆（P. Chidambaram）讽刺地指出，我们把影响美国和欧洲的危机称为“全球性”危机，而把发生在印度的危机称为“地方性”危机。事实上，当今的国际金融经济主要由发达经济体主导（从狭义上讲，由G7主导；从广义上讲，由经合组织成员国主导）。全世界最大的银行和主要的机构投资者仍然是来自欧洲、美国、日本和澳大利亚的银行，即便出现了来自中国的参与者也改变不了这一事实。新兴国家就像是体系里的人质，希望获得更多的话语权。这也是2008年G20峰会讨论的目标。请记住，在危机最严重的时刻，当我们一再濒临全球破产边缘的时候，是中国拯救了全球经济，尽管中国所创造的债务在几年后看起来具有一定的脆弱性。在中国很流行这样一句话，是时候拯救资本主义了。通过2009—2010年的经济刺激政策，中国已经成为带动全球经济的火车头之一。大量的金融资金回流到新兴市场，更好地抵御了危机，尽管在新兴市场中有一部分国家正在经历痛苦的经济转型。

监管不当和监管不力的危机

这是一场放松管制的危机。请记住，放松管制是新自由化道路的关键组成部分。我们尚不具备监管全球金融体系的能力，其复杂性和分布已经大大超出了监管者的掌控范围。一个类似的情况曾出现在中世纪的教会，当时，教会不知道如何管理武器。教会允许人们使用那些能够直接看到影响的武器，如斧头和锤子，禁止了那些无法直接看到影响的武器，如弩炮和弹弩。不仅监管无法充分地追踪全球金融的发展状况，而且国际社会也被金融体系所谓的好处蒙蔽了双眼，使得现有的管制进一步放松。管制放松赋予了金融参与者越来越多的评估份额——实际上就是自评，使其规模变得越来越大。一些银行的资产负债表规模甚至达到了主要国家GDP的水平——例如，摩根大通和美国银行就接近2万亿美元，与法国的GDP相当。这些参与者需要直接对自身的监管负责，却仅仅依赖于衡量机制、补偿机制以及失去集体概念的激励措施，让整个金融体系走向了疯狂的发展方向。

简而言之，我们不知道如何控制监管放松所释放出来的力量。阿代尔·特纳曾经预言："这场灾难完全是自己造成的，是可避免的。"[5]

最后，一场毁灭性的信心危机

最后，2007—2008年的金融危机所造成的经济损失以戏剧性的方式显现出来。在"大缓和"之后，国际社会陷入了一场大衰退，至今我们仍未完全摆脱。然而，拯救金融体系自身的成本并没有在平衡中占到很大的比重。在所有发达经济体中，政府对银行进行支持的总成本超过GDP的3%。[6]然而，与此同时，数百万人失去了他们的家园、工作，或是收入和生活水平下降。公共债务以惊人的速度增长（2007—2014年，发达国家公共债务的平均增幅为GDP的34%[7]），同时，政府援助，即这一紧缩措施的目标，有所下降。正如我在当时出版的一本书中所解释的那样，这是"当胖子变瘦时，瘦子就会死去"这句古老格言在现代的兑现。[8]当时，英国中央银行的副行长保罗·塔克（Paul Tucker）预测，英国将经历失去的25年。而我们还在数已经过去了几年……但从长期来看，金融危机还导致了一个更具破坏性的后果：人们对银行、政府、精英阶层以及整个金融体系的信心严重丧失。公众震惊地发现，许多银行家向美国人、爱尔兰人、西班牙人和英国房地产开发商发放高风险的抵押贷款，而另一些人则做出不诚实的行动——操纵伦敦银行间同业拆借利率（London Interbank Offered Rate，简称LIBOR）或者向不那么谨慎的投资者出售价值存在问题的证券。[9] 2012年1月22日，在弗朗索瓦·奥朗德（François Hollande）参加总统竞选之初，他在法国布尔热发表的演讲完美地概括了当时许多人的心态：

我真正的对手……没有名字，没有面貌，也没有党派。它永远不会以候选人的身份出现，也永远不会被推选出来，然而，它却统治着国家。这个对手就是金融，它就在我们眼前。20多年来，金融已经控制了经济、社会以及我们的生活……这种控制已经让它成为一个帝国。自2008年9月15日以来，肆虐的危机非但没有减弱，反而更强了。

危机期间，媒体对银行家的负面印象以及公众对他们的不满使我不堪重负，因为银行家和金融之间存在差异。在法国农业信贷银行工作的4年里，我参加了该银行在法国各个地区的会员、股东及客户会议。我对2009年3月在法国布洛伊斯（Blois）的第一市政厅召开的一场会议记忆犹新，当时，法国农业信贷银行的股票价值已经低于6英镑，而危机前有30英镑。[10]第一个向我提问的是一位上了年纪的先生，他拄着手杖问道："先生，你挣多少钱？那些毁了我的人挣多少钱？是谁让我的孙子失业，却对我们没有任何交代？"和很多人一样，这个人也遭受了随后的危机和经济衰退的伤害。他们必须付出代价，并且将来还会付出更多代价，他们要和孩子们一起承受本不应当由他们承担任何责任的灾难。我对他那天晚上所透露的一切深感同情。他们没有得到应有的解释，以证明为拯救金融体系而采取的紧急措施是合理的。因此，对于信心的消失，我们不应该感到惊讶。2017年7月，新加坡副总理尚达曼（Tharman Shanmugaratnam）在法国普罗旺斯省艾克斯市的一次演讲中说，我们今天面临的三大问题都是危机产生的后果：大多数发达经济体中产阶级的停滞，发达经济体与世界其他参与者之间联系的再一次缺乏，以及公众对大部分（即便不是全部的话）国内机构和国际机构的信任缺失。其中，第三个问题最重要。当然，这三个问题也是相互联系的。

王牌金融突然失去保护

对法国而言，具有标志性的转折点出现在2008年夏季。当时，在法国全国辩论中占据主导地位的主题是马丁·赫希（Martin Hirsch）部长提出的“最低社会收入”。关于我们是否应该拿出5亿欧元、6亿欧元或8亿欧元的预算来支持这项计划，专家们举棋不定。2008年9月，雷曼兄弟申请破产。很快，尼古拉·萨科齐动员了4 200亿欧元来拯救银行，而美国则为华尔街找到了7 000亿美元的资金。简而言之，我们花了两个月的时间来决定是否能够向穷人提供数百万欧元的资金，而一个月后，我们就从一顶帽子里变出了数十亿欧元的资金！具有讽刺意味的是，在法国，这两个主题在同一次提案中被投票表决。与人民关系的破裂已不可避免了。相比美国人民或世界上任何其他国家的公民，我们将永远无法向法国人民解释——这4 000亿欧元或7 000亿美元最终成了对政府来说不错的一笔交易，政府从救助资金中得了好处，并且最重要的是，政府通过防范银行体系的崩溃避免了危机，这场危机对每个国家来说都是一场灾难。

第二次破裂发生在2008年9月24日，萨科齐总统在法国土伦（Toulon）声称，他不会接受让“任何一位储户损失1欧元”，他会动员整个国家来保护公民的存款。突然间，6 500万法国人民提出了疑问：“为什么我的存款有风险？”而在此之前，只有极少数人意识到银行并不是一个可以让他们耐心等待资金的保险箱，银行会把存款重新注入金融体系，以利用这些资源将资金转换并重新分配到世界的各个角落。幸运的是，萨科齐总统在土伦发表的讲话并没有引发恐慌，进而导致民众在银行门前排队取款。但是，所有的金融参与者都震颤着翼梢！这项在法国发表的声明引起了全球的共鸣，人们突然发现了银行柜台和自动取款机背后的东西。当时，在世界各地流传着一幅著名的漫画，上面写道："2008年的诺贝尔经济学奖颁给了琼斯（Jones）夫人，因为她把积蓄留在家里。"我把这幅漫画的副本装裱了起来，放在办公室里。

人们意识到，金融并不是他们所认为的那样，当金融被释放时，它要比最初人们所想象的更加复杂、更加危险。我们自认为创造出来为人类服务的这种神奇的力量已经失去了控制。大多数人对金融的称赞是毋庸置疑的，但突然间，金融的面纱被撕成碎片，赤裸裸地呈现在我们面前。这是一种可怕的景象。

政府和银行家一样，仍然在为他们的错误及错误的教导买单。人们今天之所以愤怒，是因为他们感觉到了过去曾经"有过"的感觉。人们心目中的印象是，政府拯救了那些有权力的人——用约翰·迈克列威特（John Micklethwait）的话来说，就是那些"宇宙官员"（cosmocrats），[11] 他们身处伦敦或巴黎——相比于底特律、伯明翰或马赛更了解纽约和新加坡，并且会放弃剩下的工作以解决自己的问题。当前的全球民粹主义浪潮正是这种伟大觉醒的一种表现。

更令人不安的是，市场和政府本身也对银行和中央银行表示质疑。你要做的就是观察德国当前关于欧洲央行"独裁"的辩论，或是关注美国国会卷土重来的倾向，即加大对美联储的控制或者让美联储的决策受到规则的约束。在欧元区，就像在G20中一样，每个国家都怀疑其他所有国家想让自己的货币贬值，让外汇市场变得紧张。对于投资者来说，他们已经变得对声誉风险尤为敏感。2010年，我在旧金山开展法国农业信贷银行的季度路演，行程的一部分是与一位资产管理人会面。他告诉我："由于以下三个原因，我不再购买银行的股票了。（1）即便人们曾经喜欢过银行，现在也不再喜欢了；（2）随着新规则的生效，银行的盈利能力将会下降；（3）即使银行最终是盈利的，也有风险，因为人们真地不喜欢银行了［参考（1）］。将来，银行股票将很容易被征税或罚款，所以银行股票不再吸引我了。”

而在苏格兰投资者面前，我们甚至不能试图谈论银行。2009年，我获得了一次在爱丁堡做路演的机会，当时我遇到的人都对英国两次最大的银行灾难是由苏格兰皇家银行和苏格兰银行造成的而感到羞愧。

失去信任：没有资本，没有市场经济，没有民主

失去信任是金融危机造成的最大的损失。这也是尼古拉·萨科齐于2012年1月19日在里昂（Lyon）的演讲中传达的信息：“这不是一次经济危机，而是一场造成了信任危机进而导致了经济危机的金融危机。”整个资本主义制度，乃至整个现代西方文明，都以信任为基础。没有信任，我们就不能再贷款、制订计划或达成合作。阿兰·佩雷菲特（Alain Peyrefitte）在他的著作《信任社会》（*La société de confiance*）中仔细分析了这种机制：如果欧洲能够实现发展，这要归功于“信任精神”，它颠覆了传统的禁忌，推崇创新、流动性、竞争以及理性和负责任的行动。没有信任，我们的祖先所建立的整个社会就会被破坏。然而，这也正是金融危机所注入的毒药。今天，我们的制度不像10年前那样好，因为我们对它失去了信心。这个问题已经远远超出了金融领域，如大众汽车（Volkswagen）所带来的冲击波以及它在汽车污染措施、巴拿马文件或各种会计丑闻中的欺诈行为。人们对金融体系的信任程度已经降低，这使得制度本身处于危险之中。重建这种信任是一项紧迫的任务，没有信任，我们的世界就无法繁荣。[12]

亟待建设和改革的系统：重新控制资金

金融体系几乎被摧毁，但最终还是得以恢复。国际社会依靠G20，成功地救助了金融机构，为参与者设置了一项议程，并制定出新的规

则，包括补偿规则。人们可以继续将他们的钱存入银行，以电子方式存入工资，并使用信用卡支付，至少那些拥有并将永远拥有贷款渠道的人可以这样。货币没有消失，同时也避免了通货紧缩的恶性循环，而金融体系设法将自己组织起来。就目前而言，我们避免了重演20世纪30年代灾难性的一幕。

不过，不要误解这次恢复的本质。这个体系只不过是在支撑和修补漏洞而已。它没有以任何方式重建，它还没有得到新的基础，当然也没有得到彻底的改革。如果必须确保不诚实或不称职的银行被制裁，确保没有银行会变得“大而不倒”，确保金融家的补偿是基于总体表现和任务的持续时间而非个人表现，或者确保纳税人再也不会被要求像2008年那样救助银行，那么监管改革并没有关注到危机的真正问题，即金融的机制是自生自灭。现在，我们的当务之急是让这种机制重新得到控制。

为了人类的共同利益，我们需要重新控制资金。为此，我们必须为国际金融体系的参与者提供一个新的指南针。这个体系其实有这样一个指南针，但参与者却不知道如何阅读或者为什么要阅读它，甚至不知道市场应该面对的方向。如果不搞清楚这一点，我们将可能迎来另一场无法承受的重大危机。

机构投资者：重新洗牌制度下的新受托人

如果要重新构建国际金融体系，我们首先需要知道应该号召哪些参与者来参与重建，同时也需要明确由谁来重建。但是，危机带来的另一个严重后果是经济转型——由银行主导、目前受监管约束的经济转向机构投资者主导的经济：现在，养老基金、保险公司、主权基金以及其他资产管理人在国际金融体系中占据着主要地位（它们管理的资金金额很快就要达到100万亿美元了），并且充当着储存信任的仓库。它们管理着我们的资金！这次重新洗牌提出了一系列亟待解决的问题，而我们如果想要保持对资金用途的控制，就必须回答这些问题。

当一些银行业务被外部化并进入影子银行时，我们对它们的监管就要区别于对银行业务的监管，我们应该采用什么样的监管制度呢？自2008年以来，金融体系实施了更加严格的监管制度，以控制银行并限制新金融危机爆发的风险。但问题在于，目前有一部分风险潜伏在传统机构之外。我们如何能够确保这个新版本的全球金融体系得到有效的控制呢？

我们如何在不剥削全世界的投资者、贡献者和退休人员的情况下，调动各方所拥有的资源来让实体经济受益呢？我们如何为发展，尤其是基础设施建设提供资金呢？事实上，由于监管改革和市场预期，当今的银行为复杂、高风险和新型的项目提供长期贷款的成本更高，吸引力也更低。那么我们如何确保机构投资者做好接管的准备了呢？机构投资者在为经济发展提供资金方面占据着前所未有的重要地位，同时，其运作方式也区别于银行的运作方式（参见第十四章）。我们将如何引导它们为全人类的共同繁荣提供资金支持呢？

管理5万亿美元的意义

在国际金融体系中，机构投资者比银行更有分量、更集中，相互之间的联系也更紧密，我们必须和他们共同学习如何维护这个体系的稳定。当前，全球约有20家大型资产管理公司，如黑石集团（Blackrock）（规模最大，资产接近5万亿美元）、先锋（Vanguard）和东方汇理（Amundi）（后两家公司分别管理着超过1万亿美元的资产），其中东方汇理的总部位于法国。我认为（冒着夸大其词的风险），人类最终可能会依赖于一个由主要投资者和首席经济学家组成的紧密圈子来分配储蓄。这些投资者可能会说，他们的管理是高度分散化和碎片化的，因此他们几乎不可能朝着同一个方向行动。但是谁能够向我们保证所有这些人不会同时以相同的方式思考，进而引发广泛的金融恐慌——带来我们大家都已经看到过的灾难性后果呢？我们仍然没有答案，我们可能只有经历另一场金融危机才能检验这些情况。因此，公正地讲，影子银行体系才是国际货币基金组织这样的机构以及中央银行的官员们真正担心的问题。

技术矛盾加剧了现有的局面

2007—2008年的金融危机重新塑造了当前的金融体系，由于受到科技的严重干扰，它比以前更加脆弱。这些干扰包括在线银行业务的发展、高频交易，甚至机器人的资产管理。其中，在线银行业务的发展还伴随着银行大规模关闭实体网点。对于这些创新，我们如何确保它们能够造福全人类，而不是在社会中制造新的差距呢？越来越多的银行应用程序收获了年轻一代的信任，但同时也显现出人们对传统银行业务的不信任。

我们需要直面很多问题，这些问题也是上一场危机中我们所面临的主要挑战，即来自监管、全球化和金融创新的挑战。今天，我们所有问题的核心是，如何让一个可怜的主人成为一个好仆人。我们能改革这个有值得赞赏的雄心但却走错了方向的金融体系吗？我们应当如何重新恢复这种能够主动获得而不是被动给予的信任？我们应该从哪里开始？时间非常紧迫，我们如何确保我们最终能够取得胜利呢？我们能重新控制金融和资金吗？

第四章　伟大的希望II：现在就团结起来

2007年发生的全球金融和经济危机，让我们远远偏离了2000年国际社会为我们自己设定的具有凝聚力和协作性的航线。如果没有这场灾难，我们会实现所有的千年发展目标吗？还是会做得更好呢？考虑到全球经济版图发生的变化，以及人口平衡、资助方式和发展过程中的主要参与者的变化，我们仍然无法确定这个问题的答案。在本章中我们将看到，2015年是特殊的一年——我们也希望未来的史书可以这样记载。2015年为人类提供了一个独特的机会，让我们能够重新回到谈判桌上，解决我们在多年的不和谐和震惊中所忽略的重要问题。

重新唤醒千年精神的三次全球峰会

不管出于什么原因，有些年份总是比其他年份更加具有象征意义，2015年就是这样的一年。然而，现在就断言2015年是历史性的一年或许为时过早，但至少我们可以说它为2030年以前的国际合作制定了一个新的路线图，而国际合作的目标是实现持久、普遍的发展。

2015年，当考虑到自2000年以来发生的所有巨变时，我们开始认识到，国际社会必须以不同的方式组织行动。我们也认识到，在不久的将来及遥远的未来，如果要为确实可信的希望创造条款和条件，那么我们就必须改进技术，并且让我们的目标更远大。此时，我正是世界银行高管中的一员，我发现自己处于这一行动的最前沿。

亚的斯亚贝巴：为发展筹资

2015年7月13日至16日在亚的斯亚贝巴举行的第三次发展筹资问题国际会议（International Conference on Financing for Development），是促成联合国9月预期采用的可持续发展目标（Sustainable Developmet Goals，简称SDGS）的首次峰会。埃塞俄比亚（Ethiopia）是非洲东部的发展中国家之一，如此高级别的全球会议在这里举办本身就是一次出人意料的行动。调动国内资源（如税收）用于发展并优先考虑外部援助是本次会议的一个重要主题，而主办国的角色使这一主题更加具有象征性。除了评估《蒙特雷共识》（Monterrey Consensus）（2002年）和《多哈宣言》（Doha Declaration）（2008年）在实施方面取得的进展之外，本次会议还讨论了联合国发展支持项目在2015年之后提出的新问题或发展中问题。实现可持续发展目标每年需要的资金总计达数万亿美元，因此，本次会议讨论的重点是如何在经济困难的背景下采取切实可行的手段来调动这些资源。会议结束时通过了《亚的斯亚贝巴行动纲领》（Addis Ababa Action Agenda），该纲领明确提出了气候问题的重要性以及将其纳入政治发展对话的必要性。从某种意义上讲，这次会议为2015年的另外两次关键峰会以及10月在秘鲁利马举行的世界银行集团和国际货币基金组织的年会定下了基调。

纽约：实现可持续发展目标

2015年的第二次会议是9月25日至27日在纽约举行的联合国大会（United Nations General Assembly），大会正式确立了国际社会对实现新目标的承诺。尽管新目标存在“2000年后”的问题，但是它却比千年发展目标更加雄心勃勃。15年来，国际社会以对可持续发展全面、普遍和变革性的展望为基础，将发展目标从8个增加到17个，将21个具体目标扩大到169个。千年发展目标是以社会主题为中心，而可持续发展目标则试图涵盖可持续发展的所有方面——经济增长、社会包容性和环境保护，并希望在这3个领域的目标之间形成协同效应。此外，千年发展目标主要针对的是发展中国家，而可持续发展目标却在努力确保不让任何一个人掉队（可持续发展目标同时适用于发达国家和落后国家，这是全球发展的首次尝试）。国际社会做出的承诺或多或少有些大胆——尽管考虑到目前的经济形势和气候变化的威胁，我们仍然可以通过做出一切可能的努力在2030年消除贫困。联合国的193个成员国一致通过了《2030年可持续发展议程》（The 2030 Agenda for Sustainable Development），各国代表团起立鼓掌！

可持续发展目标
1. 在全世界消除一切形式的贫困。
2. 消除饥饿，实现粮食安全，改善营养状况和促进可持续农业。
3. 确保健康的生活方式，促进各年龄段人群的福祉。
4. 确保包容和公平的优质教育，让全民终身享有学习机会。
5. 实现性别平等，保障所有妇女和女童的权利。
6. 为所有人提供水和卫生设备并对其进行可持续管理。

7. 确保人人都能获得负担得起的、可靠的和可持续的现代能源。
8. 促进持久、包容和可持续的经济增长，促进充分的生产性就业和人人获得体面工作。
9. 建造具备抵御灾害的能力的基础设施，促进具有包容性的可持续工业化，推动创新。
10. 减少国家内部和国家之间的不平等。
11. 建设包容、安全、有抵御灾害能力的可持续城市和人类社区。
12. 采用可持续的消费和生产模式。
13. 采取紧急行动应对气候变化及其影响。
14. 保护和可持续利用海洋及海洋资源以促进可持续发展。
15. 保护、恢复和促进可持续利用陆地生态系统，可持续地管理森林，防治荒漠化，制止和扭转土地退化，遏制生物多样性的丧失。
16. 创建和平、包容的社会以促进可持续发展，让所有人都能诉诸司法，在各级建立有效、负责和包容的机构。
17. 加强执行手段，重振可持续发展全球伙伴关系。

巴黎：应对气候变化带来的挑战

2015年11月30日至12月11日在巴黎举行的《联合国气候变化框架公约》(United Nations Framework Convention on Climate Change，简称UNFCCC)第21次缔约方会议(the 21st Conference of the Parties，简称COP_{21})在可持续繁荣方面取得的重大进展为这一年画上了句号。世界各国的领导人认识到，消除贫困必须匹配一系列的战略，这些战略要能够推动经济增长，并在不损害环境或影响气候的情况下对一系列社会需要做出响应。他们需要就持久减少温室气体排放的问题通过一项有约束力的协议。他们做到了！2015年12月12日，197个缔约方承诺采取措施，将全球气温变化控制在不超过工业化之前水平的2℃以内，并努力将升温幅度降低至1.5℃以下。此协议代表了世界的一大进步，特别是因为这是我们历史上第一次认识到，尊重人权（尤其是人类的健康权以及原住民、移民、儿童和残疾人的权利）也是对抗气候变化的一个不可或缺的组成部分。

一种新合作精神的诞生

除了明确的原则声明之外，2015年的这三次峰会还为我们的未来创造了一种充满希望的发展趋势。同时，它们由国家之间的传统外交互动主导，即通过会谈、圆桌会议、研讨会、论坛、会议的形式，并且很可能以协议的创建和各国领导人的签名同意结束。这三次峰会还受益于被顺利动员的所有国际社会的成员代表：企业，基金会，非政府组织，政府机构，投资者，地区、国家和国际政府间机构，选举产生的官员，以及市民。形形色色的组织汇聚在一起，引发了辩论，创造了动力，简而言之，它们促成了协议。这种催化现象相当新颖，它使峰会更加富有成效，而且在考虑马戏表演的情况下，它甚至会令人着迷。

《从数十亿到数万亿》：一种模式的转变

亚的斯亚贝巴会议对我来说意义重大，因为我要在这次会议上宣布一份前所未有的文件——《从数十亿到数万亿》（From Billions to Trillions），[1]而这份文件的主要作者是我。就像人们听到它时感到惊讶一样，这也是第一份由所有国际发展筹资参与者共同签署的声明。对全球的多边组织来说，这是一场小规模但真实的革命！其主旨是重申我们的信念，即可持续发展资金所面临的挑战并不是无法克服的，因为全世界的总储蓄以及公共投资和私人投资在理论上足以满足我们的需要。我确保该报告将以尽可能通俗易懂的英语编写，而标题也将大胆而明确地体现我们的雄心壮志。

《从数十亿到数万亿》报告是我们应对自身面临的巨大需求的一个基本原则。我们面临的现实是，需要满足的投资高达数万亿美元，而可用的公共资金只有数十亿美元。从总体上看，这种所谓的资金缺口令人畏惧。

弥补这一缺口是新金融体系的核心，这是一种利用金融为可持续发展筹资的方式。这种方式需要重新组合一些不同的和重要的因素，其中一个关键因素是让国内的资源调动得到极大的改善。而我们可以通过更有效的税收系统和更好的税收征管，以及通过仔细考虑如何增加（把藏在床垫底下的钱调动起来）和更好地利用国内储蓄（例如，在不损害使用者满足自身债务需求的前提下，重新审查关于资金用途的相关规定）来改善国内资源调动。另一个关键因素是让1美元的公共资金产生更高的回报。采用更深思熟虑的和更严格缜密的使用公共资金的方式可以调动数倍的私人投资，这种方式可以通过首次或二次亏损的机制、更多可用的担保形式或其他风险缓解工具来实现，也就是说，我们要将公共资源调往最能突出其在风险评估、认知和实际使用方面的特征的地方。[2]诸如此类的方法在《从数十亿到数万亿》的报告中得以阐述。通过将各个领域的参与者聚集在一起，我们能够制定出一个框架，而现在我们必须开始以更大的紧迫感来实施这个框架。

这种新的资源调动形式在巴黎可以看到。当然，第21次缔约方会议的成功也是法国外交的成功，它推翻了2009年哥本哈根会议的议定书。在哥本哈根会议上，各国元首直到最后表决协商结论时才出现在会场（这个时候为时已晚）。在巴黎会议上，世界各国的领导人被要求一开始就出席会议，要表明他们的承诺，并表示其领导的谈判代表不会谈判失败。这一成功显然也是多年来关于气候变化的预估费用及其影响所达成的国际共识的结果，[3]数亿人从一开始就已经翘首以盼，特别是最脆弱的人口。会议开始前，两个最大的温室气体排放国——中国和美国签署的双方协定就是会议成功的最好例证，即使不利的观点仍在美国占据上风，并导致特朗普总统做出退出《巴黎气候协定》的决定。毫无疑问，与北京和中国其他城市的空气污染有关的重大公共卫生问题也对达成这项历史性协议发挥了作用。

有趣的是，美国退出《巴黎气候协定》的决定以一种出人意料的方式突出了谈判及谈判结果给世界外交带来的变化。这并不是美国第一次退出已经签署的协定。例如，美国退出了《京都议定书》（Kyoto Protocol），造成了与该协议相关的一些负面影响。而这次却不一样，来自世界各地及美国国内的多数反应表明，这项协议超越了主权国家之间组织的传统外交，美国的退出不太可能打破这种势头。所有其他签署国都立即加入了协定，并明确了它们的承诺。在美国国内，一些州、城市、公司和非政府组织也表示将继续为这项协定提供支持。在某种程度上，无论美国是否支持，该协定都为人类对世界的全新了解开辟了道路。当然，气候是一个特定的问题，并且在很大程度上只是一类问题。但我们应该承认，这将创造一个有吸引力的先例。

如果没有所有参与者之前在应对全球气候变化中所做出的努力，第21次缔约方会议就不会取得这样的成功，亚的斯亚贝巴和纽约的会议也是如此。前所未有的媒体报道提升了公众的意识；大型企业提出了大胆、可持续的解决方案，以加快这一进程；明确而稳定的框架引导了私营部门的战略投资方向；马克·扎克伯格（Mark Zuckerberg）和比尔·盖茨（Bill Gates）发起的突破性能源联盟（Breakthrough Energy Coalitions）等倡议，为寻找清洁能源问题的解决方案提供了资金；世界各地的非政府组织在布尔热（Bourget）或巴黎大皇宫（Grand Palais）的多个“气候世代空间”（Génération Climat space）展区进行了示范；世界银行也参与其中，并邀请了上千家企业来支持关于碳价格信号的宣言。[4]

第21次缔约方会议成为历史上开放外交的首批范例之一，而这要归功于全球社会的大力推动，特别是调动新的信息技术、通信技术和社会网络所发挥的催化作用。在这种压力下，世界各国发现，抑制冲动的难度更大了，同时，谈判失败的代价也更大了。因此，它们必须参加。在2015年这场非同寻常的戏剧的最后阶段，国际社会能够在每个有话要说的声音之间采取一种有效的合作方式，而不会让任何人沉默，或是产生毫无意义的声明。困难依然存在，但这个简单的事实支撑着希望。

寻找发展筹资的新方式：一个实验性的新标志

亚的斯亚贝巴会议还促进了一种以全球伙伴关系为基础的、前所未有的发展筹资方式，从而推动了合作新时代的出现。

这种方式并不是全新的，但它肯定从未引起过如此多的关注。在我们2004年出版的书中，水资源工作小组做了大量说明：“伙伴关系是一个重要的概念方面的贡献，但不幸的是，在蒙特雷关于‘发展资金’问题的联合国会议上，这个概念遭遇了怀疑和冷漠。”[5]我们所谓的伙伴关系，是指一种“平等的对话”，要求“没有人可以把责任推卸给另一个人”，并“接受沿着全球化的新道路前进的共同道路，同时必须关心其他人的脚步”。这将成为国家向企业、机构和公民社会扩展的多维关系。

在千年发展目标的框架内，我们的全球工作小组为“水资源基础设施建设提供资金”所付出的努力就展现了这一方面。我们提出的问题非常明确：我们如何为数十亿没有饮用水和卫生设施的人提供资金呢？这个问题本身就是革命性的：“我们一直在问自己未来30年的优先事项和目标是什么，我们也为技术解决方案争论了20年。但是，在2002年2月之前，关于方法、资金的问题却从未以如此明确的条款提出过。这不再是一个哲学问题，而是一个普通的、再实际不过的问题。”[6]

这就是我们如何将来自不同背景的20名男女聚集在一张桌子旁的方式，“他们是实业家、非政府组织的代表、私人及公共银行家、发展专家、政治家。这些人员的合法性仅仅在于他们的技能和善意”。[7]在第一次会议上，我们遇到了最大的立场和利益分歧，[8]并提出了质疑：“尽管这20位好心人受到鼓舞，但他们达成积极共识而非通常的不温不火的结果的可能性不大。”[9]然而，“意想不到的事情发生了。这个团体的成员，没有一个是温和的梦想家或理想主义者，他们都是有经验的男人和女人……他们逐渐摆脱了工作的外壳，开始表现得像个自由人”。[10]经过15个月的讨论，这些所谓的聪明人成功地提出了80多项措施，其中一部分是全新的，但也是完全可行的。这个项目在技术和资金上都是切实可行的，其核心是一个简单的想法：“在资金资源发挥作用之前，水资源问题首先是一个关于善治、协调和动员所有行动者的问题，这些行动者在复杂的干预链中发挥着重要的作用。”[11]

从这个预言性的经验中，我获得了对我而言最为深刻的信念之一，而这个信念在《兰多报告》发布之后得到进一步强化（参见第十五章）：当人们同意带着诚意围着桌子坐下以及能够承认和理解分歧时，他们就有可能（即使有时非常困难）一起克服困难，并解决对人类而言至关重要的最复杂的问题。

2015年，人们本着《从数十亿到数万亿》报告的精神，通过尝试寻找务实的解决方案来为可持续发展目标提供资金，获得了重塑伙伴关系逻辑的机会。即便你知道世界上所有的机构投资者管理着70万亿美元——差不多相当于全球的GDP，并将在2020年达到100万亿美元，你也会忍不住去想必须要有一个解决方案来应对如何为可持续发展提供资金支持的问题，并且它不能仅仅依靠官方发展援助来解决。当然，这意味着我们必须打破常规，调动一切可用的力量，将所有的参与者（甚至是距离最远的参与者）连接在一起，鼓励他们就共同的项目展开合作，并将共同的金融体系（及其工具和机构）作为催化剂。我们必须从一个以国家为中心的、双边的思想体系转向一个以伙伴关系为基础的体系，同时学习更好的方法，将公共资金和私人资金、国家资源和国际资源连接起来。重新获得对金融的控制权意味着我们要构建真正符合共同利益的共享控制权和共享目标。

将语言转化为行动：迈出文化转型的第一步

这种革命性思维的一些迹象仍然存在。尽管在2015年，我们能够找到一些语言来表达我们共同合作的兴趣，撰写我们的报告，甚至达成国际协议，但是，现在就认为我们已经准备好按照这种新方式行动了还为时过早。

旧方式和新方式之间的过渡将是漫长的。我亲身经历了在筹备这些首脑会议时所产生的紧张气氛——这些国际进程向前推进时具备强大的力量，却以蜗牛的速度在进行。事实上，动员民间组织和伙伴关系可能会破坏传统外交的稳定，因为传统外交的惯例是按照细致的标准来制定协议。我们如何才能使讨论朝着这么多不同的方向发展呢？当讨论不仅仅是以多种官方外交语言进行时，我们如何理解讨论的内容？在对行动的时间和地点抱有不同期望的情况下，我们如何才能共同努力？公众或许只了解公式的使用，但不了解其背后的实际情况，我们怎样才能把私人资金的问题告诉他们？当然，尽管立法者可以就如何使用公共资金的问题对政府进行指导，但却没有人有权对私营部门发号施令。公共部门和私营部门之间存在着顽固的相互怀疑，而这种怀疑需要时间来缓解，我们能等那么久吗？

这就是我们今天面临的挑战：在感觉2015年取得了不错的成绩之后，我们如何才能避免未来的痛苦和失望呢？我们怎样才能把我们的语言变成行动呢？我们怎样才能确保自己在这特别的一年里所做的承诺会以可靠的形式去实现，而不只是一种模糊的希望呢？

在保持2000年的希望和实现梦想方面，我们取得了巨大的进步——事实上，我们的雄心变得更大了。但是，《2030年可持续发展议程》仍然是一部意义重大的著作，它提出了可持续发展目标，包含17个发展目标和169个具体目标。德国总理安格拉·默克尔（Angela Merkel）曾在一次会议上号召与会者背诵这些话。这就是官僚妥协的本质：我们必须取悦所有人。要让这些承诺具有实际意义，我们就需要具备解释它们的能力。在这些文件能够改变全球公民，特别是改变最贫穷的人的日常生活之前，我们必须就需要做出的重大努力达成一致。

可持续发展目标没有法律约束力。我们希望各国政府能够承担起建立国家框架的责任以实现这些目标，并采取后续行动，评估本国取得的成就。然而，《巴黎气候协定》的通过虽然结束了20年艰苦的谈判，但是并不意味着相关各方会自动遵守该协定的各项规定；占全球温室气体排放总量55%的55个国家必须在协定生效之前予以批准。这项批准在一年之内以创纪录的速度达成。而在通过该协定的象征性政治表态和批准的法律程序之后，如果有足够的资金，我们就必须采取必要的措施。

2015年本可能成为具有历史性的一年，但在几年后的今天，结果却还不确定。民众的支持是短暂的，很快就会消失，甚至有时消失的速度比上升的速度还要快。当小艾兰（Aylan）被冲上土耳其海滩的照片曝光后，席卷欧洲的情感浪潮还剩多少？钟摆总是在两极之间来回摆动，一边是统一、象征和情感，而另一边则是恐惧和退却。英国、美国和法国在2016年和2017年的几个月内产生的选举结果都反映了这些情绪和紧张的局势，尽管它们以不同的方式呈现出来。回想尼斯（Nice）恐怖袭击后法国人民所感受到的温暖和支持，民族团结的感觉似乎已经远去。在经历了2016—2017年许多国家面临的困难事件之后，让我们期待未来几年人类将朝着积极的方向发展。

由于受到重度危机和金融失控的代价的打击，国际社会开始讨论新的运作方式，以重新获得对金融和资金的控制权。首先和最重要的是，这种新的方式意味着集体的思考和行动，同时它也意味着把公共利益放在首位，并讨论我们所指的公共利益的含义。2015年达成的承诺是一个良好而合理的框架。我们有了船，有了指南针，是时候起航了。但是，大海却依然变幻莫测。

第五章　复活的离心力

金融危机过去10年后，我们仍然面临着逆境。我们对2015年的热情变成了对2016年和2017年的失望。在人们为了共同的、雄心勃勃的目标相聚在一起而萌发巨大希望之后，离心力正在重新发挥作用。到目前为止，各种或多或少被遏制的紧张局势已经浮出水面，似乎没有什么可以幸免。经济、地缘政治、社会和文化的不确定性无处不在，包括经济增长乏力、持续的战争、欧洲危机；而恐怖主义、民粹主义、气候变化、数字黑客攻击以及难民危机，造成了人类对未知和不确定性的恐惧。我们重新控制资金以服务于人类共同利益的目标的确面临着一些阻力，但这些不利因素也可以被视为对行动的呼吁，并可能在金融状况得到适当控制的情况下发挥作用。

经济遗留问题：一个史无前例的周期结束

全球经济在2000年的头几年出现了积极的发展。中国在2001年加入世界贸易组织后融入了国际贸易，并形成了一种基于低价生产和出口、公共支出和人为压低人民币汇率的发展模式。[1]这对每个人来说都是双赢：欧美消费者可以获得更便宜的产品，而大宗商品和增值产品及服务的供应商可以在中国市场以高价出售他们的产品。在此期间，中国经济实现了重大飞跃，成为全球第二大强国，并成了全球最大的外汇储备国之一。[2]我们忘记了，正是中国在2008—2009年重启全球经济，才使得整个世界免于破产，可以说，中国在这个过程中发挥了关键作用。正如当时中国坊间流传的："拯救私人资本主义是首要任务！"

我们知道，中国的活力基于一种源自严重失衡时期的模式，不可能永远持续下去。实际上，我们正在经历一场史无前例的3种运动趋势的历史性融合：一是中国正在从经济上追赶世界；二是"大宗商品超级周期"的结束；三是美国的非常规货币政策的结束。这3种运动显然都将继续发挥作用，但它们却不太可能具有同样的强度和同样高水平的融合性。

中国经济放缓

第一种运动趋势是中国经济从两位数的增长放缓至个位数的增长，这不过是回归常态。尽管这种正常化是值得欢迎的，但对于那些把赌注押在新兴市场潜力上的人来说，这种正常化仍然令人恐惧。这些由中国主导的市场在过去10年中贡献了全球经济增长份额的60%，并且避开了2009年的经济衰退。上海和深圳股市在2015年夏季的崩盘，证实了这种回归常态的说法。在此之前，这两个股市的主要支持力量是中国居民储蓄账户的流出。最重要的是，中国经济增长放缓显示了其在全球经济的新的影响力。2015年夏天，人民币在缺乏有效沟通的情况下被宣布贬值。由于人们持续数月的关注和对统计数据真实性的怀疑，人民币的贬值造成了市场动荡。这也解释了金融市场参与者的质疑：人们可以简单地说，中国管理层之前所做的一切被认为是仁慈和令人钦佩的，但突然间，他们所做的一切又都让人心生疑虑。尤其是中国持续进行的经济改革正在让经济转向更多基于附加值生产的模式，这种模式将更专注于其国内的消费和服务，这看起来是一个缓慢而充满不确定性的开始。正如安联首席经济顾问、美国前总统巴拉克·奥巴马的全球发展委员会（Global Development Council）主席穆罕默德·埃尔－埃利安所言，“这种转型将带来经常性的剧变，将让地球上的其他地区汗流浃背”。[3]中国的经济增长恢复正常化对全球化产生了全面的影响，而这种影响至今仍未被较完美地考虑到经济模型中。1997年，亚洲金融危机爆发，几乎对欧洲和美国的经济增长没有产生任何影响。而到了2015年，我们不得不调整模型：亚洲经济占全球GDP的比重不再是10%，而是25%，全世界都能感受到它的震动。

大宗商品超级周期的结束

第二种运动趋势是“大宗商品超级周期”的结束。过去30年，中国经济每年的增长持续超过10%，成为主要的消费者和多数大宗商品的主要进口国（农产品、矿产品、石化产品）：2015年，中国占全球铝消费的50%以上，占碳和镍消费的50%，占棉花和大米消费的30%，占石油消费的12%。[4]在全球其他地区经济增速缓慢的背景下，中国经济活动的放缓在股市崩盘中得到证实并伴随着人民币的贬值，导致大宗商品的价格近年来有所下降，并在2015年开始加速下降。大宗商品在一年内贬值了40%～60%，尽管2016年的反弹预计将持续数年，但大宗商品的价格也不会回到之前过高的水平。这些损失对全球经济是一个冲击：对欧盟或印度等进口国是一种有利冲击，但对出口商，尤其是新兴国家的出口商却是一种不利冲击。

非常规货币政策：即将结束了吗

2015—2017年的第三种运动趋势也许是美联储实施的低利率和宽松信贷的货币政策的结束（这一点将在后面进行更详细的讨论），其他主要的央行也在效仿这一政策。[5]我们认为，这项非常规的货币政策不会持续很久。但是，我们还没有做好放弃它的准备，当然也不愿意看到所有现象同时中断！在某一次打击中，市场就已经失去了所有的方向。这种药曾经很有效，但停止服药却会让人头晕目眩。

金融的未知水域：我们需要输血和停止输血，但是以什么方式和在什么时间进行呢

市场更加迷茫，因为全球金融仍处于复苏模式，并且多年来一直处于“未知水域”之中——这是国际会议上经常听到的一种说法，令我感到意外。2007—2008年的金融危机造成的最令人担忧的后果之一就是为了重振全球增长乏力的局面，金融体系已被完全掌握在各国央行手中。然而，过去10年，这些央行从来没有很好地发挥过作用。美联储会怎么说？欧洲央行呢？日本央行呢？英国央行呢？现在，全世界都在等待这些受政府委托但在法律上独立的金融机构，期待它们每天都向全球注入大量的流动性资金，以扑灭危机带来的熊熊大火。我们现在离灭火的目标更近了一些，却尚未修复被损坏的水域。房子依旧屹立，但地基却不牢固，墙上还有裂缝。对于经常不重视自身结构性工具和财政工具的政府来说，与其实施结构性改革，不如将非常规的货币政策作为临时措施以繁荣经济，正如穆罕默德·埃尔–埃利安所说的那样，“让央行成为当今世界唯一的玩家”。[6]

因此，我们的利率很低，甚至是负利率，而超过10万亿美元的政府债券将以这种方式发行或是已经发行。这是金融界的一个新现象。除

了20世纪80年代在中国香港出现的一个短暂时期外，我们从未把利率降低到这样的程度——中央银行要求商业银行为其存款准备金支付利息，而不是中央银行向商业银行支付利息。这种短期再融资过程与美联储倡导的“量化宽松”的长期政策结合在一起。“量化宽松”政策由美联储发起，随后被英国、日本和欧洲的央行效仿。它包括通过大量购买债券（主权债券、政府债券甚至公司债券）来影响市场，降低利率，从而对整个利率曲线施加压力，以更加廉价的信贷和财富效应刺激需求。

从这个角度来看，全世界仍在输血，如果长期使用这种治疗手段，结果可能是有害的。这是埃尔-埃利安提出的核心观点：如果掌权的政治家们不迅速采取行动的话，那么全球经济增长乏力可能会很快转变为经济衰退，并进一步导致社会问题。而其他金融专家却认为，只要通过注入货币将全球经济增长率保持在3%左右，金融体系就能维持下去。亚当·波森（Adam Posen）认为，长期以来，我们第一次找到了可持续的增长速度，这个速度有助于缓慢但确定的经济复苏。[7]

事实上，专家们就我们应该选择的方向并未达成一致。在过去的两个世纪里，由于工业革命使全球财富显著增加，我们进入了一个“新平庸”（new mediocre）阶段［国际货币基金组织总裁克里斯蒂娜·拉加德（Christine Lagarde）提出的概念，与埃尔-埃利安的“新常态”（new normal）相对应］，还是一个“长期停滞”（secular stagnation）阶段（根据拉里·萨默斯的提法）？2016年5月，在彼得森国际经济研究所（Peterson Institute）的一次演讲中，[8]国际货币基金组织的二号人物大卫·利普顿（David Lipton）很好地总结了我们目前正在研究的两种主要理论。一部分专家认为，当前的经济放缓源于危机的影响，我们没有从系统中清理出危机，因而出现了债务调整滞后、生产持续过剩、货币政策分歧、紧缩政策的不良影响，以及投资和消费障碍等症状。另一部分专家则认为，低增长本身就是有利的投资机会稀缺的一种征兆，这种状况早在2008年危机发生之前就开始了，而在储蓄增长的同时，2015年的低利率也表明了这一点。这是经济学家拉里·萨默斯的理论，该理论预测经济将进入长期停滞。

不管怎样，在这种情况下，我们如何才能找到投资和储蓄之间的最佳平衡点呢？我们如何才能弥补发达经济体劳动力市场的潜在弱点（发达经济体的活跃人口增长率较低，生产率也较低）呢？当知道整个世界正在被债务拖累时，我们该如何调整货币政策呢？我们如何与这些新兴国家达成一致呢？——它们拥有巨大的增长潜力。根据国际货币基金组织的中期预测，它们正在迎头赶上发达国家，但在未来10年内其增速将降至预期增速的2/3。

正如大卫·利普顿所指出的，专家和决策者在20世纪70年代所倡导的经济发展模型——得益于资本积累、教育措施和技术带来的生产率提高，全球化的前景光明，意味着贸易开放、外国直接投资一体化、发达经济体和新兴经济体的融合——不再适用了。目前，巴西、俄罗斯、墨西哥、南非的政治紧张局势，都反映出民众对几乎无法实现的融合的失望。利普顿所讨论的是一种“有悖常理的现象”。事实上，全球化近年来面临着诸多转变，当前正处于一个复杂的阶段，因而模型及相关的分析都在被重新调整和修改。因此，国际货币基金组织、世界银行和经济合作与发展组织的年度预测经常被重新审查和修订，并且常常是调低预期，这些变化并不是无关紧要的。

对很多人来说，全球化的未来已经变得暗淡，他们对市场波动的担忧已经超过了金融互联网带来的潜在收益。在2016年和2017年，全球经济的特点一方面是焦虑和紧张加剧，另一方面则是对复苏的期待。美国大选后，股市的反弹虽然强劲，但再次引发了人们对反弹原因及其可持续性的质疑。多个国际论坛也证实，贸易政策方面的紧张局势再次升级。

地缘政治冲突

此外，地缘政治环境也很紧张。目前，全世界正在经历几十年来最严重的不稳定，这可能是自1962年古巴导弹危机（Cuban Missile Crisis）以来最不稳定的时期。根据乌普萨拉冲突数据项目（Uppsala Conflict Data Program）的数据，自冷战结束以来，武装冲突已恢复到创纪录的水平。从这个角度来看，2014年是第二次世界大战以来全球最致命年份排名第二的一年。[9]

幸运的是，目前地缘政治的不稳定不是全球性的，但随着紧张局势扩展到五大洲，许多地区都受到了这种不稳定的影响。而在其中一些国家维护稳定失败的背景下，中东地区被内战和多国冲突撕裂，乌克兰和俄罗斯则在欧洲事务的舞台上针锋相对。[10]美国在中国南海制造紧张气氛，新兴经济体开始公开挑战发达经济体对国际金融的控制，朝鲜威胁要使用核武器。撒哈拉以南的非洲萨赫勒地区存在一系列火药桶，引发了人们对新阿富汗出现的担忧，因为还没有任何政治或经济上的解决办法可以稳定这一地区。非洲之角（the Horn of Africa）的冲突持续不断，西非安全的紧张局势进一步升级，甚至委内瑞拉以及一些依赖其石油出口的国家也存在着其他危险。

目前，石油输出国面临的挑战加剧了紧张局势。尽管油价下跌对进口国来说是一个相对利好的消息，[11]但在地缘政治稳定与经济健康密切相关的地区，油价下跌再加上其他大宗商品的价格下跌，却对这些地区产生了越来越大的影响。中东地区就是一个教科书式的例子，低油价进一步削弱了伊拉克和叙利亚，它们夹在埃及、伊朗、沙特阿拉伯和土耳其等中东地区的主要国家之间。在过去两年中，沙特阿拉伯王室就社会和经济变化所做的决定显示出动荡的严重性以及其需要进行调整的规模。尽管很多人仍然怀疑沙特阿拉伯是否有能力执行它所确定的目标，但沙特阿拉伯做出的这些改变就表明它已经承认当前的现状是站不住脚的。石油危机给俄罗斯和巴西等有影响力的国家带来了额外的疲弱：俄罗斯受到与乌克兰危机有关的国际制裁的影响，而巴西则因为一场重大政治危机四分五裂。其他受影响的国家都是高度依赖“黑色黄金”的国家，如尼日利亚、安哥拉、阿尔及利亚和委内瑞拉。

恐怖主义是另一个造成地缘政治恶化的因素。喀布尔、巴格达、萨那、图卢兹、雅加达、安卡拉、布鲁塞尔、巴黎、哥本哈根、突尼斯、贝鲁特、圣贝纳迪诺、苏塞、巴马科、瓦加杜古、大巴萨姆、拉合尔、奥兰多、伊斯坦布尔、尼斯、曼彻斯特、伦敦，[12]恐怖袭击的名单越来越长，盲目的暴力事件以一种难以形容的恐怖程度增加。世界上再也没有任何一个地区看起来是安全的。这一波袭击不仅加剧了国际社会的反抗和恐惧，而且严重影响了边境管制和国际金融流动，这些都是世界各国之间辩论的主题和紧张局势所在。

欧洲目前的不稳定是经济和地缘政治紧张局势趋同的悲惨结果。随着申根区（Schengen Area）的质疑[13]、英国脱欧的冲击以及无力以协调一致的措施应对难民危机等事件的发生，欧盟的稳定开始受到前所未有的严重损害。民族主义运动正在兴起，他们将极右政党置于权力之门。事实上，欧元危机标志着这种破裂的开始：第一次警告是2005年法国和荷兰的全民公投的失败（批准欧盟宪法），随后是2008—2011年的金融和经济风暴，这对处于看起来不透明、不公平和不民主系统之中的欧洲人民造成了持久的伤害。

更糟糕的是，金融危机重新撕开了欧盟成员国之间的旧伤口。作为一个成长在德国边境的阿尔萨斯人，我总是听到我的祖父在解释莱茵河不是一道边界而是一条通道。我怀着“欧洲各国人民更紧密地团结在一起”的梦想长大，却非常不安地听到德国人在攻击希腊人，而且要求希腊人出售他们的岛屿来偿付债务，而希腊人则回应道，他们不需要向那些在雅典卫城举起纳粹旗帜的人学习。当听到人们提到“PIIGS”（葡萄牙、爱尔兰、意大利、希腊和西班牙）时，我很难过，其含义是欧洲边缘的国家。然而，这却是一个如此常见的诽谤，以至于我不得不在一些演讲中引用它。

在围绕欧元危机的北—南紧张局势之后，难民危机又暴露了欧盟东西方之间令人不安的紧张关系。难民危机比欧元危机更令我担忧。欧元危机被认为是一场“技术危机”，用一些备用资金就能找到解决方案，而难民危机却对我们的共同价值观提出了质疑。我们应当分担些什么呢？这个更加现实的问题触及事物的核心，将更难以回答。

世界面临着新风险

除了以上众多的问题之外，世界还面临着新的威胁：气候变化、数字革命和流行病。

气候变化：感受高温

在已经遭遇经济增长低迷的地区，人类活动对气候和极端气候条件的显著影响正在加剧不稳定的局势，而这些地区有很大一部分是地缘政治紧张的地区。首先，让我们来看看尼日利亚、叙利亚和也门的例子。毫无疑问，我们知道对于最贫困的地区（从撒哈拉以南的非洲地区开始）来说，全球变暖的附加影响将在未来几年更加强烈和更具灾难性。世界银行在2014年年底发布的报告《降低热度：直面气候新常态》(Turn Down the Heat: Confronting the New Climate Normal),[14]在这方面的观点是明确的：从现在到21世纪中叶，与工业化前相比，地球大气层的升温幅度接近1.5℃，但即便只是一项不那么雄心勃勃的碳减排计划也可能改变这一点。2016年4月，联合国发出警告，在之前的12个月里，其观测到全世界的干旱情况已经越来越严重（部分是由温暖的厄尔尼诺赤道海流引起的），因此威胁到了1亿人的粮食安全。[15]这种气候现象也导致珊瑚死亡，对海洋生态系统造成了严重影响。近年来，席卷法国和其他国家沿海地区的洪水警示我们，全世界都在受到这些灾难的影响。例如，海平面上升将对摩洛哥造成严重影响，因为摩洛哥有60%多的人口和90%多的企业位于大西洋沿岸的主要城市。在未来的数十年里，我们可能会面对更大的人口迁移问题，这比尚未解决的叙利亚难民危机所带来的问题还要复杂。

《巴黎气候协定》虽然雄心勃勃、不可或缺，但也只是迈出了第一步，仍然不足以有效地限制这些影响。考虑到这一点，这些预测看起来就更加具有威胁性。正如联合国在签署《巴黎气候协定》的前夕所指出的，“如果签署国不大幅增加减少温室气体排放的承诺，那么气候变化速度的快速增长就有压倒一切的真正危险”。实际上，这意味着“全世界现在需要为能源的快速转型做准备——从化石燃料转变为可再生能源”。[16]否则，世界将重现人道主义危机和遭受巨大的经济损失风险，同时，地缘政治会造成的后果我们今天仍然无法想象。与其说美国前总统巴拉克·奥巴马的外交政策集中关注的是叙利亚危机，不如说是关注气候变化对美国安全的潜在影响。新一届美国政府虽然正在就这两个问题展开工作，但观点却大不相同，特朗普总统决定退出《巴黎气候协定》的决定尤其证实了这一点。

数字焦虑在上升

数字革命带来的问题和它带来的希望一样多。这个星球的“优步化”和“自动化”会把我们的数据、隐私、工作和国家主权从身边夺走吗？谷歌、苹果、脸谱网、亚马逊和其他网络巨头都怀着想要在所有领域取代政府的野心，它们是否会在让世界标准化的同时，破坏最脆弱的机构的稳定性，加剧个人主义和加深贫富差距呢？如果硅谷成为一个新帝国的中心，那么我们要在哪里找到一个通向平等连接的世界的方式和途径呢？和金融一样，数字技术是一种不具备思想的力量，如果不加以驯化，就会导致人类走向毁灭。就像金融语言一样，二元语言也会导致傲慢。这就是那些建造直达天际的巴别塔的人们的骄傲！今天，正在塑造全球化的“指数型组织”很可能向我们承诺，这是一场和平、解放的革命，追求的是所有人的利益，但它们在全球经济中所占的不成比例的分量却抛出了很多问题。一般而言，在法国和欧洲这样的地区，这些组织更加可怕。尽管有一系列的倡议，但它们还不知道如何创建自己的数字竞争对手（除了一些斯堪的纳维亚的独角兽）。

在一个相互联系的世界，流行病的风险更大

在这个联系日益紧密的世界，流行病的风险很高。自2000年以来，这种威胁越来越频繁地出现：大肠杆菌、疯牛病、禽流感、H1N1（甲型流感病毒）、埃博拉病毒、寨卡病毒、MERS病毒（中东呼吸综合症冠状病毒）。每隔3年左右，一场疫情就会从地球上某个或多或少有些偏远的地区爆发。科学界和政府当局相信，这种现象将继续并加速。当今，地球上有近75亿居民，而超过1/2的人拥挤地居住在超大型城市中，并且我们以肉类为主的饮食会导致动物的聚集。这些都是导致致病病毒扩散的众多因素的一部分，再加上空中和海上互联互通的不断

增强，使得主要的全球性流行病的爆发可能性增大。据世界银行估计，通过空气途径传播的西班牙流感病毒可能会在250天内夺去3 300万人的生命，并使全球损失3.6万亿美元（占GDP的4.8%）。比尔·盖茨在2017年2月的慕尼黑会议上提及："流行病学家表示，一种快速运动的、通过空气传播的病原体可能会在不到一年的时间里杀死3 000多万人，无论它是出于自然原因，还是恐怖分子所为。他们还指出，在未来10～15年里，世界很有可能发生这样的疫情。"

大风四起，任何人都难以预知将要发生什么。即将发生的事情似乎是巨大的，其规模难以估计。金融危机导致了这些飓风的爆发，它似乎是一个理想的罪魁祸首，但目前它还没有成为解决方案的贡献者。考虑到这一点，金融在人类公共利益敌人的名单上名列前茅，也是造成很多地方存在社会不满的主要因素。

第六章 失望与政治动荡

前所未有的社会不满

在这个复杂而不稳定的世界里，每隔一段时间就会有威胁出现，因此，人们认为当前的体制是不可持续的。美国或法国曾设计或是塑造过之前的全球金融体系，对这样的国家来说，当前的全球化道路似乎是不确定的，它们的人民对国家的衰落感到恐惧。

然而，在这种不确定性中，国际社会从未如此富有，从未生产过如此多的东西，从未消费过如此多的东西，从未投资过如此多的东西。[1] 但是这个极其富裕的全球共同体并不是一个共同富裕的共同体：尽管一部分国家的内部不平等明显扩大了，但国家之间的不平等已经有所降低，对发达国家和某些经济增长率高的新兴国家来说尤其如此。中产阶级的寿命和生活水平不再上升，精英阶层的财富增加，但实际工资却下降了。然而，收入的不平等以及财富和机会的不平等使得经济增长变得不稳定，并在社会中引起了巨大的不满。（这些因素通过教育或关怀的不足来阻碍人们表达和展示自身的潜力。正如圣·埃克苏佩里所说："折磨我的不是那些卑微的人，也不是空洞的人和丑陋的人。莫扎特被谋杀的画面，在所有这些人身上都可见一斑。"[2]）

空前的财富创造水平

美国的"占领华尔街"（Occupy Wall Street）和欧洲的"愤怒者"（Indignés或Indignados）反紧缩示威等民众抗议活动数量正在激增。这些活动显现出一些人是如何对资本主义以及为他们服务并帮助他们建设未来的机构（政府、媒体和公司）失去信心的。唐纳德·特朗普、奈杰尔·法拉奇（Nigel Farage）或玛丽娜·勒庞（Marine Le Pen）等民粹主义者在选举中取得的成功或进展表明，这些担忧远不是少数的几例明显的表现，而是已经变得更加主流。这是全球金融危机仍在付出的高昂代价。普通市民觉得他们被欺骗了，他们对市场经济、金融体系深恶痛绝，因为他们发现这些体系的存在并不是为了他们的利益，而是为了让少数的银行家和精英阶层从中受益。

繁荣并非对所有人都有利：似乎是某种隐藏的东西

告密者泄露的秘密信息进一步加剧了这种信任危机。由朱利安·阿桑奇（Julian Assange）创立的维基解密（WikiLeaks）泄露了敏感文件；前国家安全局（National Security Agency）顾问爱德华·斯诺登（Edward Snowden）公布了机密信息；由匿名人士公布的巴拿马文件详细描述了许多世界人物的逃税行为。现代世界越来越透明，这让我们得以了解棘手的问题，但也助长了充满腐朽的阵营及其阴谋论。这些披露强化了公众这样的一种感觉，即事情被隐藏和堆积起来了，这个世界的精英们把最大的一块蛋糕留给了自己。（令人尴尬的是，这不仅涉及那些以腐败闻名的国家的“常见嫌疑人”，还涉及那些所谓的廉洁国家的领导人，比如在巴拿马文件金融丑闻中被点名的冰岛总理和英国首相。）我们不能假装无视这些事件，同时又对公民在面对此类事件时的愤怒、觉醒甚至厌恶表示同情。

简化和退出的诱惑

面对这种普遍的怀疑，加上个人赋权和对所有意见平等对待的信念的日益增强，传统权威和政府形式的合法性正受到质疑和挑战。

在法国、欧洲和其他地方，对权威的蔑视和对未知事物的恐惧是普遍存在的，部分原因在于，领导力从未如此薄弱甚至完全缺失过。在世界上再也没有人可以孤立行动的时候，美国不能再像过去那样充当世界警察，而任何其他国家也是如此。在美国大选中，反对自由贸易立场的成功开启了一个退出贸易协定的周期，这在特朗普总统上台后得到证实。欧洲不再共同努力应对世界上的紧急情况，在埃马纽埃尔·马克龙当选法国总统之前，这种富有远见的、统一的法德伙伴关系曾让欧洲搁置合作。英国政府没能避免民族主义者要求的英国脱欧公投，并在冒着爆发危机的风险中失败；西班牙几个月来一直没有政府；比利时对最近袭击事件的不确定处理暴露了其主权职能的脆弱性；在反对埃尔多安总统的政变失败后，土耳其国内的分歧加剧，公民投票增加了行政权力；乌克兰冲突仍在继续；索马里仍然是一个失败的国家；伊拉克、叙利亚和现在的利比亚都面临着伊斯兰国（IS）的挑战。我还可以继续罗列，这个星球从来没有遇到过如此多的权威危机。

比起15年前，全球治理更加复杂了。G7的时代已经过去，那时，西方大国影响甚至主导了国际议程。如今，将成员范围扩大至新兴国家的G20所聚集的成员既没有相同的价值观，也没有相同的优先事项。正如伊恩·布雷默（Ian Bremmer）在2015年12月所写的那样，世界离零国集团（G-Zero）不远了。[3]然而，尽管这些国际峰会并不完美，但它们却是不可或缺的。我们不能冒这样的风险：让世界的引擎不受监管而同时凌驾于领导者之上。我们必须把领导人峰会变成真正的领导力峰会，即找到让领导人表达自己的方式！我们必须倾向于决策和行动，而不是倾向于精心制定却很空洞的公报。

目前的局势对民主国家和整个世界构成了真正的威胁。世界领导力的失败，使权威在受到挑战的同时，还伴随着社会动荡和对这个混乱世界中未知事物的恐惧，创造了一种爆炸性的混合物，使得煽动家战胜务实的问题解决者而取得了成功。我们正在见证世界各地的民粹主义和极端主义的突破，它们即便没有呈现出缓慢而确定的攀升，也能为选民提供简单的常识答案，告诉他们想听的东西。无论是美国的唐纳德·特朗普，还是法国的玛丽娜·勒庞、菲律宾的罗德里戈·杜特尔特（Rodrigo Duterte）、匈牙利的维克托·欧尔班（Viktor Orbán）、英国的鲍里斯·约翰逊（Boris Johnson）（为英国脱欧而参与竞选的伦敦前市长）、波兰的法律与公正党（PiS）、澳大利亚的奥地利自由党（FPÖ）、德国的德国新选择党（Alternative für Deutschland），甚至是希腊的金色黎明党（Golden Dawn），由于那些激进的、排外的追随者们担心他们的专制作风会被妖魔化，所以他们在世界各地都面临着严峻的选举挑战。当生活十分艰难的时候，当信心很低迷的时候，人们更容易把责任归咎于一些群体（精英、难民、穆斯林），建议其离开欧洲，然后关闭边界，筑起高墙并撤退，而不是去解释一个残酷的事实——我们需要卷起袖子并尝试一起工作，因为我们无法独自完成任何事情。

我们需要找到边界这一核心问题的答案，以便控制金融，为人类的共同利益服务，并且让全球化走上正确的道路。我们需要证明，如果全球共同努力，那么我们就能解决世界上的任何问题，包括经济、金融、教育、卫生、气候、移民等。为此，我们需要超越国界，同时尊重这些令人欣慰的边界，因为每个人都需要有家的感觉。然而，世界需要前所未有的合作。特别是旧世界，也就是今天努力在进行内部撤退的世界，从未如此需要来自其他地方的人来进行自我更新。当为人类提供跨国合作模式的欧洲面临崩溃的威胁时，当塑造了当前全球秩序的美国对此提出特别深刻的质疑时，我们该如何应对呢？

另一个同样重要的问题是，西方民主国家的中产阶级状况，正是这些中产阶级塑造了当前的国际金融体系。在法国，特伦特光荣会（1945—1975年的“光辉30年”）导致了中产阶级的崛起，使中产阶级成为民主的支柱。当中产阶级被削弱时，当中产阶级不能再跟上代表其成员社会进步的步伐时，当中产阶级似乎不能再被代表时，民主的核心本身就会受到攻击。面对全球经济增长持续放缓和日益加剧的不平等，面对威胁和平与繁荣的普遍梦想的风险，我们是否应该得出这样的结论：中产阶级的崛起只不过是历史的偶然事件？这部分人口注定会减少？中产阶级的弱化会危及民主制度？

如果我们想要恢复我们的模式的意义，不仅是我们的经济模式，而且还有我们的政治、社会和文化模式，我们就不能忽视这些关键问题。在不能快速找到答案的情况下，今天在世界各地释放的离心力可能会压垮我们所建立的系统。

最重要的是，我们绝不能屈服于悲观主义的诱惑。我并不是要让自己的建议成为全世界卡珊德拉（Cassandra）耶利米哀歌的组成部分，而是要强调，在当前环境下，我们面临着许多威胁，包括超低的利率或负利率，而维护这种认知偏见将使我们专注于什么可能出错，而不是思考什么可能是正确的。尽管我们会看到我们有办法克服它，但这种不可抗拒的诱惑让我们兴奋到了被恐惧引导的地步。正如道格拉斯·麦克阿瑟将军在谈及青年人的目标时所提到的："当你的内心被悲观主义和犬儒主义的冰雪所覆盖时，那么你已经变老。然后，正如这首歌谣所说，你会逐渐消失。"

毫无约束的金融让我们走到了现在的境地：让我们身处质疑和混乱的状态之中。我们正处于悲观主义和犬儒主义的边缘。我们每个人都无能为力，是这样吧？然而，这正是我们必须参与并讨论下一步行动的时刻。如果金融能够改变努力的方向呢？如果金融可以拯救世界呢？

第七章　十字路口的人类

在2005年伍迪·艾伦（Woody Allen）的电影《赛点》（*Match Point*）中，一个网球击中了网的上沿——它犹豫不决，不知道该落在球网的哪一侧。这时，比赛的结果取决于它落在哪一边，其中一个球员会输，而另一个球员会赢。人类也会来到这样的赛点吗？在没有历史先例的全球背景下，即将来临的未来尤其难以捉摸，私人银行公司罗斯柴尔德银行（Compagnie Financiere Edmond de Rothschild）的首席执行官米歇尔·西苏雷尔（Michel Cicurel）在2007年观察到，我们的星球比以往任何时候都更容易在不同的视角之间摇摆。[1]在恐惧、勇气和希望的诱惑下，我们不应该让机会或命运来决定自己的未来。球会落在哪一边呢？

不要让错误的故事载入史册

今天，全球化的未来正处于十字路口。我们的行动仍可能带来历史上最糟糕的时期或者最好的时期。我们要做得更好并且避免走这样的捷径——在重力的作用下，沿着滑溜溜的斜坡下滑。历史上，这已经不是我们第一次面临这样的选择，但也许这是我们第一次在全球联系如此紧密的背景下面临这样的选择。在前进的道路上脚踏实地是至关重要的。

如果我们不让积极的力量发挥作用，如果我们忽略自身的弱点，只是将其留给后代，让他们在我们经历混乱之后再去清理，那么我们可以留下且让他们去继承的东西可能只是债务而不是资产，而这些也将成为破坏性的力量，它们必然会战胜团结的力量。难道我们真的想让事情失控，进而重演20世纪30年代的场景吗？

反对O-H-I-O

通过让民族主义者、帝国主义者、保护主义者、地方主义者和个人主义者茁壮成长——根据大卫·利普顿的O-H-I-O（own house in order，管理好自身事务）战略，[2]让每一个国家关闭边界，自行弥补资金缺口，建立外汇储备，并等待情况好转，我们就会让平庸操纵局势。通过让英国人——而不是苏格兰人或爱尔兰人——在欧洲之外走自己的路并解散申根区，让中国和俄罗斯在其势力范围内发挥主导作用，让伊斯兰国家内斗，让地球升温，让谷歌、苹果、脸谱网、亚马逊侵吞我们的数据，让希腊人饿死，让难民淹死，让最贫困的国家处于挣扎之中——简而言之，通过放弃政治、经济、国际金融合作，一次又一次地切断我们如此小心翼翼地建立起来的连接。这样，我们只会再次陷入20世纪30年代的局面。

请记住丘吉尔著名的警告："忘记过去的人注定要重蹈覆辙。"[3]欧洲在处理难民危机时不应该像16世纪前的罗马帝国那样，当时，罗马帝国把向西推进的匈奴人视为所谓的"野蛮人"，我们可以将他们与今天的伊斯兰国家相提并论。这个颓废的帝国在自己的重压之下崩溃了，因为它找不到一种方法来明智地吸纳这些人口，进而重建社会契约。

邪恶的替代选择

美国政治学家、欧亚集团（Eurasia Group）总裁伊恩·布雷默认为，全球化有3条可能的发展道路，而其中的两条道路根本不值得称赞。第一条道路是自上而下的道路（一种寡头模式）。在这种模式中，精英压制普通人。在政府和社会为了排斥这些公民而建立的真实或虚拟边界的影响下，由于一种“全球化子类公民”（这些公民被认为是没有生产力的或贫困的）的存在，全球化的进程有所减缓，甚至停滞。这是一条被我比作罗马帝国般的路径：用边境上的防御设施（法语：līmes）来抵御外部的野蛮人，用面包和马戏团（法语：panem et circenses）来维持内部的人口。几个世纪以来这种方法一直奏效，但当时既没有推特，也没有脸谱网。第二条道路是自下而上的道路（一种革命性的模式）。在这种模式中，普通人从精英手中夺取了权力。对于富人来说，由于社会不稳定蔓延、网络攻击及其带来的强制性透明度（以及其他不对称的回应）阻碍了机构的有效运作，全球化进程放缓，甚至停滞不前。这条道路在某种程度上与法国大革命之类的路径相呼应，意味着特权的突然消失。

尽管未来的道路肯定不会是一条特别清晰的轨迹，但我们不应该相信这一类的极端风险永远不会发生。这是2007年金融参与者犯下的错误，他们被说服了，他们认为每一百年才会发生一次的金融灾难在当前不会重现（上一次发生在1929年）。这也是纳西姆·尼古拉斯·塔勒布（Nassim Nicholas Taleb）黑天鹅理论中的一个例子。直到有人在澳大利亚发现了一只黑天鹅，人们才相信天鹅不一定是白色的。塔勒布是概率认识论方面的顶尖专家，他向我们展示了随机事件和小概率事件如何影响我们的生活。[4]即使在5年前，谁会知道叙利亚的冲突会导致数百万难民涌入，危及包括德国在内的欧洲，并成为一个核心问题呢？谁会料到，戴维·卡梅伦（David Cameron）会在欧洲的恐怖主义危机中宣布就英国脱欧举行公投呢？谁又会在大选之夜料到，英国脱欧公投会在第二天早上获胜呢？[5]

我们也不应该相信灾难只会发生在其他人身上。我们都生活在同一个星球上，我们不能，至少目前还不能从这个蓝色的星球上挣脱出来，美国国家航空航天局（NASA）在1972年就已经确定了这个不朽的事实。我们的命运是相通的：面临离心力造成的一些威胁——来自地缘政治、经济、金融、气候、流行病或数字方面的威胁，我们都将受到影响。我们无法逃避全球化，无论它发展的轨迹如何，我们都无法摆脱它。

雄心勃勃的第三条道路：重新设计我们的共同统治权

布雷默将第三条道路称为“共同统治权”，它将像共有住宅一样发挥作用：面对压力，尽管存在反市场的力量，政府（和公司）将重新建立社会契约以减少不平等，并使中产阶级重新获得地位和发展前景；全球化将以目前的形式继续发展，在适应供应链本土化的同时，期望让每个人都受益。这既不是一个帝国的崩溃，也不是一场革命，而是一项由业主们展开的、进行建筑维护的行动，包括修理电梯、清理楼梯井和让邻居们互相交谈。

这是人类历史的替代性版本之一，并且人类至今仍有机会去书写。这个版本的历史纲要于2015年确定，而且这将是一段被驯服的全球化历史，它让所有人类无一例外地获得了更好的生活。显然，我们永远不可能完全实现这一目标，这仍然是一个理想。但是，目标可以创造正能量。它提出了一条渐进的道路，可以通向更幸福的世界，使人类进入一个新的启蒙时代，实现一次新的复兴。

但是，书写这个版本的历史需要我们付出更多的努力。正如最糟糕的选择会自然实现一样，第三种选择需要更多的勇气、参与、责任和领导力。选择希望之路将是非常困难的。

一个历史教训：最坏的情况永远无法确定

但是，选择希望是值得的！2010年5月，60岁的财务总监雅克·德·查伦达尔（Jacques de Chalendar）[6]参加了我在法国农业信贷银行组织的午餐，他是我们当中年龄最大的一位。而围坐在桌边的是法国政界和经济精英的广大代表，他们在讨论希腊危机，当时希腊危机正首次达到顶峰。餐后不久，雅克·德·查伦达尔说道："我在第二次世界大战期间加入了政府，当时的形势真的很糟糕，未来也不可能比这更暗淡了。那时，没有人会想到，法国将迎来最辉煌的年份，出现了'光辉30年'。而今天身负重任的你们，也不应该悲叹，而要努力工作，努力重建你们的国家！"这个请求彻底征服了我。他把事情看得很清楚：我们这些管理人员往往沉迷于眼前的未来，以至于过度重视坏消息而忽略了好消息。如果欧洲和世界不是耸耸肩，而是说这是他们最美好日子到来之前的黎明，那会怎么样呢？那样不是更勇敢吗？

"奔向我们自己的风险"：机会的时代

这是一个历史性的时刻。金融和经济危机留下了一个增长停滞的世界，在这里我们可能永远无法实现"光辉30年"的稳定或"大缓和"。然而，在这个世界上，仍然存在增长的源泉，[7]我们有办法将其融入国际体系。尤其是人口统计因素，它仍然是增长的主要动力。未来几十年，地球人口将增加30亿！然而，在后危机时代，利率如此之低，以至于投资几乎没有收益。银行已经把自己的主导地位让给了机构投资者，机构投资者管理的资金很快将达到100万亿美元。毫无疑问，这些机构投资者将在宏观经济的平衡中发挥作用。同时，G20也构成了全世界的一种独特的合作机制，在2009年，它就在以一种具有历史意义的方式应对全球金融危机。虽然并不是所有的意见都能直接在会议上发表，但国际组织在促进全球合作方面必须发挥至关重要的作用。

与此同时，联合国制订了未来15年的可持续发展计划。这些共同目标很伟大却很脆弱，但它们的确存在，并且在三项国际协议中被批准通过。围绕道德及社会责任融资理念展开的辩论和新方法层出不穷，这些融资方式能够将季度报告的专制抛在脑后，同时从长远的角度进行思考，将投资引向有意义的、可行的项目，为人类开启新的未来。[8]

越来越多的金融机构——以国际保险公司为首，尤其对气候变化感到担忧，它们有能力改变这个局面。英国央行行长、金融稳定委员会主席马克·卡尼在2015年9月就这一问题发表了历史性讲话，他坚持认为有必要在全球金融中考虑气候风险。

管理新兴市场的巨大风险的必要性一如既往地重要……尽管在气候变化问题上一直还存在着科学分歧（就像任何科学问题一样），但我发现，保险公司是最坚决的倡导者之一，他们认为应该尽早解决这个问题。这不足为奇。当其他人都在争论这个理论时，你却在面对现实：自20世纪80年代以来，已经在册的与天气有关的损失事件增加了两倍。这些事件造成的经通货膨胀因素调整后的保险损失从20世纪80年代的年均100亿美元左右增加到过去10年的年均500亿美元左右。[9]

这些剧变将威胁到全球金融稳定，并长期威胁着国际社会的财富。马克·卡尼指出了三大风险。

- 物理风险：当前发生的气候和气象事件对保险责任和金融资产价值的影响，如造成财产损失或破坏贸易的洪水和风暴。
- 与责任相关的风险：如果因气候变化而遭受损失或损害的一方向对其负有责任的一方寻求赔偿，那么潜在的风险就会出现。这类索赔程序可能会在几十年后出现，它们可能会对碳提取者和排放者造成最严重的打击，而且当它们拥有责任保险时，它们的保险公司也会受到影响。
- 与转变相关的风险：向低碳经济调整过程中产生的金融风险。随着成本和机会变得日益明显，政策、技术和物理风险的变化可能促使人们重新评估大量资产的价值。[10]

从这三个层面上讲，金融和气候密切相关。我们不能只处理其中某一类风险而忽略其他风险。

现在是时候去重塑金融体系，重新定义全球投资生态系统中参与者的角色并重建合作基础了吗？许多决策者都同意我们采取行动。那我们还等什么呢？我们快没有时间了。技术变革的快节奏、地缘政治的不稳定和气候变暖带来的后果，已经对世界经济构成了短期威胁。正如马克·卡尼在2015年9月强调的那样，“机会的窗口期是有限的，而且正在缩小”。用勒内·沙尔（René Char）的诗来解释：我们需要今天采取行动；我们应该总是冒着风险。[11]让我们不要等到为时已晚才采取行动！是时候重新获得对金融的控制权了。

“他们”意味着我们

“我们”指的是我们每个人。“他们”指的是政客、领导、高管和经理们，我们有时会过于迅速地判定他们不负责任，但这种做法有时候却是相当合理的。

当然，“他们”有责任树立一个好榜样。他们对我们负有责任：我们作为公民、股东或员工，与他们签订了合同，并将责任委托给他们。他们有责任尽职尽责地代表我们，并需要有勇气去承担责任，而不是想尽一切办法让自己置身事外。尽管在这个从定义上来说并不完美的世界里，什么都不做才是最好的方式。[12]他们需要待在桥上，面对暴风雨，抵御紧急情况，扫视地平线。在金融危机期间，我是这么说的：“领导人之所以能得到福利和报酬，不是因为他们是‘办公室里的官僚’，而是因为他们要站岗和放哨！”[13]他们有责任在签署伙伴关系、条约和国家或国际承诺时不表现出怀疑态度，也需要有执行这些承诺的政治勇气，有尊重其承诺的尊严。

尽管我清楚金融危机中发生的一切和我目睹的一切，我仍然相信国际协定、象征的力量和声明原则的美德。这是一种应对现实的方式，即使仅仅这样还不够。如果我们认真对待条约，世界将会变得更美好。例如1975年的《赫尔辛基协定》（Helsinki Accords），当勃列日涅夫（Brezhnev）时代的苏联最后同意签署《指导成员国间关系的原则宣言》（包括人权和基本自由）时，谁能想象这将打开一个缺口并导致苏联解体呢？当一个政府签署一份文件时，它做出的承诺有时比它自身预期的要长得多。

但出于这个原因，我们必须记住，代表的签名也是我们做出的承诺。作为公民或公共服务的使用者，我们必须遵守这些规定。当国家元首签署第21次缔约方会议协议或联合国可持续发展协议时，当他们代表自己所领导的国家致力于可持续发展时，这个签名将使我们所有人（公共部门当局、公司、非政府组织和公民）都负有责任。我们都有责任主动承担起协议所规定的职责。我们每个人都有责任保持警惕，发挥自身的作用，监督采取的行动，确保这些协议得到充分实施。我们必须记住，在这个社会网络化的时代，我们拥有的所有权力，将通过我们的选票和我们在投资和消费时所做的选择，在我们表达自己的声音的时候制约社会中的关键人物。我们不能放弃这一基本权利，这也是一项责任。

“我们”都能控制

我们都在驾驭席卷全球的全球化浪潮，谁都无法逃脱。但全球化本身并不是好的或者坏的，就像金融一样，它没有灵魂，它就是它呈现出来的样子。换句话说，不要屈服于它，我们都有控制全球化的力量。如果必须假设我们在民主的政治体制和环境下共同做出承诺，那么就还必须假设我们每个人都能致力于按照自身水平去识别自己的行动能力，并将其作为我们每一个人内在的权力和责任。

“他们”意味着我们！这是米歇尔·康德苏教给我的另一个伟大的教训：为了迎接更好的人类的黎明，我们每个人都有责任——当然，一部分人的责任更大。地球上的每个人，无论住在哪里，都有一项共同的责任：无论是一个国家、城市、公司、机构的领导者，还是非政府组织、拥有投票权且有能力投资公共领域或纳税的公民、有权利在互联网上行使言论自由权的个人、交纳会费的协会会员、购物的消费者、通过薪水做慈善捐款的雇员，抑或把钱放在股票或储蓄账户的股东、储蓄者或退休老人。贫穷和不民主国家的居民的行动自由会大大减少，但我在世界银行的工作经历使我相信，每一个男人和每一个女人，甚至是那些生活在偏远地区的人，都能在他们所在的地方改变很多事情。但很明显，你拥有的越多，责任就越大。

如果我们要共同创造一段美好的历史，那么每个人就必须行使自己的个人权力。

为了人类的共同利益，重塑全球金融体系的时候到了

因此，我们需要做的是认识到，在这个问题越来越大、越来越全球化的相互联系的世界中，我们不能单独行动。

国际社会在2015年为自己描绘了一幅巨大而必要的蓝图，而只有我们将各国的所有智慧和能量相互结合并在内部凝聚起来，才能将其变为现实。我们需要公共部门、私营部门和社区参与者的集体合作。我们必须成功地从O-H-I-O战略转变为C-A-lifornia战略——集体行动的战略（或者我们可以采用伊恩·布雷默的“共同统治权”概念）。

然而，我们也必须认识到，在个人主义的世界里，没有什么比这更困难的了：人们相互之间的不信任如此牢固和顽固（尤其是像美国或法国这样的国家，公共和私人文化与心态之间的鸿沟仍然很深——在大部分“联合起来”的地区，情况确实如此）。从原则上反对，以及坚持自己的利益和立场是很容易的！但我相信这种改变是可能的，在过去的15年，我在参加的所有首脑会议、项目、会议和工作小组中都看到了这种改变，特别是在巴黎气候变化会议上。

尽管在过去的10年中金融业的幻想破灭了，但金融仍然拥有融合的潜力。这个可怜的主人也可以是一个好仆人，虽然它曾经是问题的一部分，但它现在可以成为解决方案的一部分。这不仅仅是因为金融像科技一样，是一种通用语言、发明工具，当它被合理使用时，财富就可以流通、汇集并创造价值，帮助人们和他们的各种机构一起发挥作用；还

因为在我们作为公民、纳税人、消费者、投资者、股东、储蓄者、养老金领取者、协会成员等等的角色中——正如前面提到的，我们都可以对人类的投资组合产生影响。得益于资本的自由流通，我们每个人的行动都能对地球产生积极的影响。同样，始于2007年的导致经济停滞的金融全球化，也很可能是使世界重回正轨的全球化。

但是，为了回到正确的道路上，我们需要抓住今天拥有的机会，重塑国际金融体系。也就是说，我们要建立一个受控制的体系，它需要适度监管——不能太多也不能太少，我们要重新考虑国家之间的团结一致。它是一个美国华尔街或伦敦金融城不能为其他国家做出决定的系统，也不会赋予其他人这项权利，无论是发达国家、发展中国家、投资者，还是监管机构、中央银行或储户。它是一个创新竞争的系统，为全球的融资需求寻找最佳的答案。这个系统依赖于现有的、经过合理改革的机构，同时它也知道如何最好地利用这些机构，如何让它们重新获得精神动力——2009年，全球金融危机最严重之时国际社会所表现出来的精神。当时，他们创立了G20，而不是退而讨论各个国家内部的问题，让会议变成一个没有权力的“空谈俱乐部”。

我们还没有修复被2007—2008年的金融危机所破坏的系统，只是填补了一些漏洞。我们还没有完成所需要的改革。正如雅克·德·查伦达尔所言：“让我们卷起袖子，现在就开始重建；所有的工具都在这里，在我们的掌握之中！”球也会落在我们所选择的一侧。但是，就像改进网球运动一样，改善金融体系也意味着我们需要回到起点。

第二部分

为人类的共同利益重构金融

第二部分　为人类的共同利益重构金融

第二部分考察了如何重构金融体系，重点关注金融产品、金融市场、金融创新和金融行为，深入探讨了我们应该如何将金融视为每个人的工具。

本部分所讨论的新思维方式是将金融视为它真正所属的东西——一项工具。我们知道，是手控制着工具而不是工具控制着手，这个基本原则不应该被忘记。因为魔鬼已经被释放了出来，所以现在我们必须共同努力以重新控制它。这种控制是我们完全可以做到的，只有获得控制权，我们才能实现我们的目标。但是，这项努力也确实需要我们重新审视对如何控制金融以及如何引导金融力量的理解。理解支撑金融的关键原则对于我们能够实施我们需要的变革至关重要。

第八章讨论了我在重新启动金融系统并将其带回原点的过程中锚定金融体系的关键原则。我关注的是我们如何控制这个强大的工具以及我们需要采取的道路（包括监管和改革）。第九章讨论了我们在经历变革时必须维护的首要问题和原则。特别是，这些原则包括保持一种责任和道德的文化，确保适当的治理，以及重新关注长期目标。第十章着眼于已经在进行的事情，那就是需要鼓励和培育沉默的仍处于萌芽阶段的金融革命，它已经开始为未来带来希望。

第八章　回到起点

2007—2008年的金融危机和随之而来的全球经济衰退，让金融看起来像是全世界众多公民的敌人。是什么让本应该富裕的人们陷入贫困，让他们前景暗淡，却让少数人从其他人的不安中获益。但是，如果要将此完全归咎于金融，那么就会剥夺一项人类的基本工具。虽然金融的确是一个糟糕的主人，但它可以成为一个伟大的仆人。如果重新启动金融系统，那么金融就能帮助我们拯救世界。金融积蓄了巨大的能量等着被释放，并且有巨大的潜力再次为人类的共同利益服务。这里的窍门是我们要重新认知，以身作则，学会控制链式反应，去引导金融的力量并好好利用它。19世纪上半叶，法国七月王朝（July Monarchy）的财政部部长巴伦·路易斯（Baron Louis）曾说道："如果你给我良好的政治，那么我将给你良好的财政。"只要我们朝着有意义的目标努力，资金就会随之而来。

回到起点

全球金融危机爆发期间，我在一家全能银行的管理团队工作。2012年，当我离开法国农业信贷银行加入法国兴业银行时，我对自己所在领域的基本价值以及我投入了大半生的工具的实用性产生了怀疑。我来到法国兴业银行的时候，发现团队士气低落、压力重重，并最终被热罗姆·凯维埃尔（Jérôme Kerviel）的定罪击垮——他被认定为流氓交易员，再加上4年不间断的、紧张的危机，最终这一切以2011年下半年对股价的投机性攻击终结了，而这些攻击最初起源于一些毫无根据的流言。[1]

我对集体动员感到担心，同时也为环境恶化而感到忧心，于是我请求米歇尔·康德苏来给他们讲一讲。我和他一起工作了10多年，他一直是我灵感的源泉。我为他的演讲提出的问题是："是否有可能让金融重新变得令人着迷？"[2]康德苏给出了一个令人难忘的答案，这个答案让法国兴业银行的每个人都感到欣慰，并鼓舞着他们继续前进。简而言之，我们要回到起点。我们不是要放弃金融，而是要把金融的本质提炼出来，重新将金融与现实世界联系起来，以铭记人类为什么发明了金融。一部分最聪明的人才被吸引到了金融业，是时候动员他们了！

首先也是最重要的——金融只是一个工具

正如我之前所说，金融只不过是为人类服务的一个工具。通过储蓄、投资、风险分散和基于分析的预测，金融家能够让时间和空间成为我们的盟友，构建我们自己的未来。金融也是一种强大的解放手段。让·布瓦索纳（Jean Boissonat）的这一见解值得思考。其是法国最著名的商业记者之一，也是我的导师，于近期去世了。他曾经谈及："20世纪30年代，政府分发购买面包和其他主食的消费券。多么丢脸啊！为支出指定特定的用途是不尊重人的，并且它否定了一个人的自由意志——否定了人们的个人主义。”[3]

每当我听到有关穷人的傲慢评论时——“如果我给他们钱，他们只会把钱全部用来喝酒”，我总是感到震惊。所以，那又怎么样呢！在这种情况下，喝酒不是问题，问题在于缺乏尊严。我一直相信，财务自主权、信贷的可获得性和储蓄有助于个人的自由，让他们拥有更大的梦想并且梦想成真。当我们思考如何用资金为更伟大的利益服务时，我们都应该重新接受这一核心原则。这并不是要采纳精英们有时颇为居高临下的观点，而是要确保权力属于所有人。

金融：一种极其强大且与众不同的工具

金融普惠计划在帮助人们获得权力方面发挥了重要作用。曾在华尔街工作过的荷兰马克西姆女王（Queen Máxima）是金融包容性的积极倡导者，我曾和她合作过几次。尽管一些经济学家对金融普惠计划的有效性表示怀疑，但小额信贷项目为参与者提供了一个机会，让他们能够掌控自己的生活，重新加入全球市场。当我在比哈尔邦（Bihar）与一位女士交谈时，我的情绪变得激动起来。比哈尔邦是印度最贫穷、人口最稠密的邦之一，位于喜马拉雅山脚下。我在105° F高温下汗流浃背地走进这个村庄，与一群妇女会面，听取世界银行在她们社区部署的一个村庄项目的进展情况，这是数百个此类项目之一。这个项目是建立一个由该机构资助的乡村小银行来支持当地的计划。我在地上坐了一个小时，与一位女士交谈，她的年龄和我差不多，但看起来比我大20岁，这证明了我们不同的人生轨迹。她的凝视让我着迷（我还把她的照片放在办公室里），她的故事也让我着迷。

5年前，我还是个无名小卒。我的丈夫从树上摔下来后，我失去了他（在印度，这会给我造成不稳定的局面，因为寡妇被认为是无法生存的）。我有8个孩子需要抚养，而且他们都还没有结婚（这是另一个实际的问题，因为我们这里非常重视嫁妆）。多亏了小额信贷，我买了我的第一只山羊，然后是第二只、第三只，到现在我有15只山羊。我还开了一家小杂货店。对我来说，一切都变了。现在，我确实生存了下来，我有了名声，我的孩子们都结婚了。

世界上最简单的金融机制可以改变妇女的生活，使她们获得自由，这就是市场的强大力量。从帮助一名女性到推动国际体系的发展，尽管使用形式有所不同，但让它们发挥作用的都是钱。

金融的普遍吸引力

金融是为经济服务的宝贵工具，也是凝聚力的催化剂：作为一种通用语言，金融是一种具有柔韧性的工具，可以让男性和女性跨越国界进行合作。金融能让我们分享财富，协调我们做出的努力。例如，通过有限责任公司，我们可以将较小的捐款合并成较大的初始资本，以增加我们能够接触到的人的数量。另外，金融需要信任和合作：你不可能单靠自己就成为一名金融家，如果你只是把钱藏在床垫下，那么金融就不可能存在。

由于所有这些原因，金融可以成为杠杆和发展的关键来源，而今天，发展的重要性更是前所未有的。每当人类社会需要物质基础设施或社会基础设施时，它也同时需要金融基础设施（无论具体形式是银行系统还是金融市场），特别是当人类社会需要医疗或教育时。证券化通过将次级抵押贷款打包来让发行人和投资者分散他们的风险，但它仍然是一个有效地向实体经济输送金融资源的工具。

调动国内储蓄则是另一个强大的杠杆来源。毕竟，西方国家在19世纪利用这一工具实现了经济增长，它在美国、英国、法国和德国启动了钢铁工业和铁路。中国的储蓄——强制性储蓄——就像日本几年前的储蓄，在很大程度上也有助于为这两个国家提供装备和促进其发展。

1944年，由《布雷顿森林协定》创立的大型公共机构——国际货币基金组织和世界银行，被特别授权在中长期内支持这种发展模式，这就要求美国和英国都必须谨慎而明确地引导。尽管2015年的主要可持续发展目标还有待实现，但这些机构在维护金融稳定，寻求资金支持清洁能源转型，建设基础设施，以及为所有人提供医疗、教育、能源和技术方面发挥着前所未有的重要作用。在偏远的蒙古大草原上，我参观了一个牧羊人的帐篷，我惊讶地发现他的传统帐篷里配备着最新的现代科技产品。我因一个世界银行的项目（一个关于普遍使用个人离网太阳能电池板提供的电力的项目）来此参观。[4]我被邀请到他的家里，我发现这个男人穿着的是有两个世纪历史的服装。在一个不受时间影响的房间里，他为我提供了一杯酥油茶（特产）。房间里面有传统的佛教床和祭坛，还有一台平板电视和一部无线上网手机。更令人惊讶的是，通过手机连接，这名饲养绵羊和山羊的牧羊人可以获得农业保险来管理与他的牲畜相关的风险，这些牲畜面临着从一个季节到另一个季节的极端温度等威胁。所有这些都可以通过一些太阳能电池板来实现。

“魔鬼的粪便却是很好的肥料”

从根本上来说，金融就像阿维拉的圣特蕾莎修女（Saint Teresa of Ávila）所描述的金钱那样：“它是魔鬼的粪便，但它能制造出很好的肥料。”在金融危机爆发前的几年里，这个工具腐败严重，即便它没有恶意，但也至少是漠不关心的。不受控制的金融已经成为一种盲目的、无法控制的力量。但如果我们宣布放弃它，那将多么遗憾——世界将会失去太多！相反，我们应该收回长期以来吸引最聪明人才的这项工具的控制权，重新动员人类为共同利益努力。让我们继续鼓励创新，只要最终结果对人类有持久的益处。我们必须记住，这笔钱是我们的，不是他们的；通过明确的信号来重新控制和推动它的使用是我们的集体责任。

金融的发展，不只是增长

要重新获得对金融的控制权，我们必须学会如何更好地区分增长和发展。我经常引用1987年教会普世理事会（Ecumenical Council of Churches）的宣言："增长本身就是癌细胞策略，正是不受控制、不受限制的扩散或不关注支持它的系统导致了它的退化和死亡；另一方面，发展则是胚胎策略，在适当的时间把它需要的东西放在适当的地方，同时注意尊重它们之间的关系。"

多么生动的描述！最根本的一点在于，增长创造了GDP。这并不是很复杂：你要做的就是让它加速，然后放手。我们可以创造出非凡的GDP水平！增长是一种机械的财富增值，无论财富是什么都是如此，而它的扩散手段会带来一些伤害。发展（意味着和谐的、深思熟虑的、可控的增长）则需要更高水平的维护和复杂度，这是全球化唯一可行的道路。我们不能让全球化被金融的癌细胞逻辑超越。金融可以是任何东西，也可以成就任何东西。数字技术也是如此。我们迫切需要将人类重新置于金融的中心，以确保我们发明的工具仅用于造福人类。我们必须回到发展而不是增长的道路上，这不仅仅是为了最贫穷的国家。所有国家都面临着挑战，包括富裕国家。这也是2015年可持续发展目标的雄心壮志。

因此，重新点燃对金融的热爱，无非是赋予它某种意义——一种已经失去或者可能已经被几代人遗忘了的意义。我们必须赋予它意义和内涵，这是重建信任的核心。这也是我在法国兴业银行2012年年报的演讲中被要求传达的信息。我分三个阶段来树立这种形象：（1）“核心资本充足率（Core-T1 Ratio）不错”；（2）“小组标识为红色和黑色的心形”；（3）“关爱的资本充足率（Care-T1 Ratio）更好”。[5]金融不仅仅是一个比率问题，它也是一个关爱问题，一个心灵问题（法语：coeur）。

避免玩世不恭的诱惑

为了解决这个核心问题，我们必须摆脱曾经对金融客户、同行以及这个行业的任何冷嘲热讽。毫无疑问，如果曾经使用和滥用了这项工具的行动者（即使只是一小部分人）继续操纵这个系统并逃避责任，原地不动地等待危机过去，那么，我们无法重新让金融变得有吸引力。考虑到与改革相关的白日梦，人们可以假装全球金融是一股太大而无法采取任何行动的力量，而且这个体系将不得不适应——这样做太容易了。我们已经看到了这种逻辑会把我们引向何方。

然而，一些习惯仍然存在！犬儒主义的根源很深。举个例子，想想对伦敦银行间同业拆借利率的操纵，或者对英国外汇市场的操纵，这种操纵在金融危机爆发很久之后仍在持续。2010年，当世界范围内的监管正处于构建过程中时，美国大型银行的老板们直接表达了这种想法，也见证了这些事实。2017年春天，当国会开始审查《多德–弗兰克法案》（Dodd-Frank Act）时，其中一位议员告诉我，我们给华盛顿的说客们什么指示呢？很简单：“立法是必要的，这是我们为自己的所作所为付出的代价，但同时要让它不那么痛苦。”这里潜在的信息是，他们会洗心革面，然后继续从事那些肮脏的事业。

2010年9月，我在布鲁塞尔的欧洲金融界智囊团（Eurofi）会议（被称为“银行家沙龙”）上听到了同样惊人的消息。在和一些国际金融巨头匆匆吃了顿午餐之后，我向其中一位询问道：“《多德-弗兰克法案》是否意味着你必须重新审视你的银行模式呢？”

“哦，你知道这种框架式的立法，有点像圣经，有2 000多页，你需要做的就是学会解释。”他回答道，“当然，唯一的区别是，圣经的作者已经死了！”

“但是，你仍然需要放弃一些你的实践！”我的一个法国同事反驳道。

“你知道市场是什么样的，”他说，“市场不是一个消防站，你在那里等着报警电话，穿上你的靴子和头盔，把火扑灭，然后返回消防站。市场就像机场的一条移动人行道，它每周7天、每天24小时都在移动。我早上5：00起床，走到人行道上。当我的客户5：05到达时，我帮助他；当他离开的时候，我留下来跟踪市场，以便协助他。你明白我的意思吗？”

我很震惊，至今仍是如此。当时，我试着表达自己的观点，而从那时起，我也一直在表达自己的观点。

这个故事真实地反映了那个时代的精神。在那个时代，我们坚持一种不受控制的市场的想法，坚信没有任何法律能够改变它。正是这种心态让很多人感到厌恶，导致大量公众对整个系统失去信任，并提出了存在的问题。

全面监管的诱惑

另一个极端是，仅仅将监管作为金融体系改革的基础，也不会有帮助。当然，让监管机构和立法者重新获得对金融的控制权是必要的，甚至是不可或缺的——我们需要重新控制曾经被释放出来的盲目的力量。

控制意味着我们要定义规则和制裁，建立雷达、警卫和仲裁者，以设定新的目标——比追求不断增加的财富更加可持续的目标。很快，金融体系开始在承销商、银行家、保险公司和储户中鼓励集体贪婪，在若干特定大型企业负责人当中鼓励应受道德谴责的行为——“贪婪是好事”，这个著名的口号就是由1987年迈克尔·道格拉斯（Michael Douglas）在奥利弗·斯通（Oliver Stone）的电影《华尔街》（*Wall Street*）中扮演的角色推广开来的。是时候改变这些状况了。

监管在很大程度上是各国政府、中央银行以及G20义不容辞的责任。例如，在美国，现在面临威胁的《多德－弗兰克法案》于2010年7月被国会采纳。多德－弗兰克创建了金融稳定监督委员会（Financial Stability Oversight Council，简称FSOC），并要求美联储对全球风险进行监控。这些机制不仅能使美国发挥影响力，而且能够领导一场运动，鼓励各国采用最高规格的、最有效的，并且和每个国家的目标一致的法规。除了通过对衍生产品市场的监管来减少风险的累积，或是规定银行房地产贷款偿付能力的义务，这项法案所关注的商业银行的一个重要方面是它规定商业银行不能再将超过3%的自有资金配置在对冲基金或投资基金上。另一个原则上的重大变化则是纳税人再也不能被要求解救陷入困境的金融企业。这些内容至少是《多德－弗兰克法案》的目标。

基于这个新环境，2009年4月在伦敦召开的G20会议上成立的金融稳定委员会代表了一个重要事件。该委员会从是G20成员的央行行长和财政部部长，以及国际货币基金组织、世界银行和经济合作与发展组织等一些国际组织中选拔人选，组成了指导全球金融稳定的机构。它的任务是识别金融体系的漏洞，定义标准（或协调金融体系在世界各地的发展）并与国际标准制定者一起进行管理。例如，金融稳定委员会定义了一份具有系统重要性的国际银行的名单，列出那些被认为太大而不能倒闭的银行，这些银行的崩溃将导致全球金融体系的彻底崩溃。与其他银行相比，这些银行有额外的资本金要求。金融稳定委员会还调查了衍生品市场，广泛地鼓励金融参与者使用官方票据交换所。[6]它还改善了关于市场经营者报酬的原则，并确定了金融交易对应机构的身份。

为了保护我们免受新的系统性威胁，国际清算银行（Bank for International Settlements）的巴塞尔委员会在2010年9月采用了新的银行偿付比率（称为《巴塞尔协议III》），提高了银行所需的最低资本。[7] 2015年年底，在全球范围内建立的损失吸收机制［总损失吸收能力（total loss-absorbing capacity，简称TLAC）］[8]完善了这一预防体系。在监管方面，截至目前人们最近的一次努力是，2016年5月G7的财政部部长和央行行长通过的一项行动计划，该计划旨在加强全球对金融恐怖主义的打击。

但是，这些国际条例仍然存在不足。银行对主权债务的敞口（迄今被认为是无风险的，因此不受由企业和家庭债务构成的银行资产的限制）仍未受到监管，并且这一问题在欧盟各国的财政部之间产生了分歧。关于所谓的《巴塞尔协议IV》（Basel IV）的讨论正在进行中，特别是正在使用的内部模型需要得到监管机构的验证，而不是对所有人都采用相同的标准方法。

市场金融的兴起，又称影子银行

影子银行是一种所谓的平行银行体系，现在被称为以市场为基础的金融，它包含了通过非银行融资为经济做出贡献的参与者和活动。这个体系本身并不坏，但它没有受到像银行系统那样的关注。话虽如此，我们不应该把它看作一个任何事情都可以发生的蛮荒西部：养老基金、对冲基金、人寿保险公司、股票管理公司等都是受监管的，而且有时监管是严格的。但是，我们有必要把这个体系的监督和监管整合到一个全球化的方式中，为我们的经济发展提供资金。

已有的全球化方式促进了全球标准的重大改进，而所有最大经济体的参与尤其重要。在全球民族主义情绪日益高涨之际，这种多边方式正面临着风险。在这样的论坛上，人们很容易对其置之不理，因为它们可能非常麻烦。然而，这样做将带来风险——一些其他的方式会填补空白，并可能导致意想不到的后果，这些后果在未来可能更加难以改变。金融问题已成为主要的全球性问题，采取民族主义的方式将不可避免地导致金融体系的崩溃，并引起严重的失衡。即使这种民族主义的方式听起来很有吸引力，而且在口头表达上也很容易，但仅仅在国内层面上行动是无法重新获得对金融体系的控制权的。

我们必须考虑到影子银行体系中发生的几个变化：一个管理的资产规模略低于100万亿美元的部门在规模上的变化；美国和欧洲以外的快速增长，如中国；对经济发展进行资金支持的所有参与者（包括银行和非银行机构）之间的联系正在扩散。除了对这个体系零敲碎打的监管贡献之外，还有一个问题就是我们如何为经济提供资金支持。应该有多少债务？多少资金？银行出多少钱？市场出多少钱？盈利能力如何？以何种程度进行改革？[9]这些问题似乎并没有得到每个国家相同的回答，但它们不能被忽视，也不能在很长一段时间内单独予以解决。我们必须采用一种全面的方法，以便足够充分地开展关于为经济提供资金支持的条件的辩论：在国家层面，在区域联盟或协会层面，部分问题还要上升到国际层面。基础设施的资金支持问题就是典型，整个世界都意识到了人类社会对道路、港口、机场、发电厂等基础设施的巨大需求，并呼吁更多的私营部门参与。但与此同时，却没有人动员起来解决监管检查的问题，或是重视阻碍规模更大的养老基金和保险公司参与以及排除银行业参与的行为。监管方法应该结合消极（不要这样做！）、积极（必须这样做！）、规定（你必须这样做！）和激励（这样做对你有利！）。

当心意想不到的后果

然而，有些法规显然造成了意想不到的影响，或者所谓的意外后果。就像我在2015年与马克·卡尼合作的一篇文章中提到的那样，代理银行业务的案例对我来说是一个启示。[10]在2007—2008年的金融危机之前，几家大型国际银行（如德意志银行、摩根大通和法国巴黎银行）通过向许多国家的金融机构提供基础设施的使用权，充当了进入国际金融体系的入口。这些所谓的代理银行允许当地银行让他们的客户使用远程的机构服务，比如货币兑换或者将资金转移到国外账户。资本则通过这些中介流动，让每个国内市场都与世界相连。随着金融危机和金融体系监管的出现，对不遵守禁令或反洗钱规定的银行的罚款激增，特别是对美国机构的罚款。[11]面对持续的巨额亏损，一些机构决定暂停在利比亚、墨西哥、沙特阿拉伯或索马里的代理银行业务，因为它们认为与这些地方机构做生意的风险太高——或者至少它们没有因为这样高的风险而得到补偿。因此，我们已经或可能已经将一些新兴或发展中的经济体与国际金融体系隔离开来。[12]

监管者不能忽视这些后果。这样做会忽略了G20进行金融改革的目的，尤其是支持一个真正为世界经济服务的开放和灵活的全球金融部门的发展。这样做还会鼓励人们通过非官方渠道流通非法资金。我们必须了解这个问题的严重性及其原因，查明事实，再次借鉴世界银行集团和其他发展机构的经验。然后，我们还应规范国际规范的应用，为其建立解决问题的机构（尤其是银行间伙伴关系），并为实现这个目的明确技术上的预期要求和用途（特别是区块链[13]）。

在另一个领域，证券化的监管如今受到严格的约束，但人们开始重新考虑这种监管模式，因为严格的监管可能会抑制投资。欧盟已经开始着手解决这个问题。

如果我们希望在一个“纯粹”的基础上重塑金融，那么我们就必须在必要的监管机制和资本流动之间找到恰当的平衡。简而言之，我们需要为金融体系找到适当的喘息空间：定义监管角色时适当的细节程度，监管机构与被监管机构之间适当的合作程度，以及适当的责任分担水平。最重要的是，我们必须把这个体系看作一个整体，而不是多个个体；我们必须开始考虑如何提高每一件事的效率。这项努力也带来了一个真正的健康警告。如果平衡得当，回归监管相对较少的环境可能确实有道理。我们不能认为，在全球金融危机中发生的事情将金融限定在了禁区内，现在要做的就是将其释放，然后进行全面监管。如果是这样，那么我们会退回到另一个极端水平的监管和制衡。如果我们沿着这条道路走下去，那么我们将会创造出一种确定的未来，重复同样的错误，而这一次可能会带来更深远的后果。正如人们所预料的那样，这项改革将首先在各个层次上重新建立问责制和责任制的文化。

第九章　游戏的新名字

在重塑金融体系的过程中，指令对人们的诱惑是很自然的，通过监管来解决一切问题的希望有时是不可避免的。但如果我们免除了金融参与者的责任，那将是令人遗憾的。这种情况是导致人们对金融体系的信任度下降的一个重要原因，尤其是在银行救助期间。我们面临的挑战是如何最好地重新调整激励及其后果。

重建责任文化

银行家薪酬问题是一个教科书式的问题。我记得在2008年，我曾与一些著名的顾问就这个话题进行过辩论。我觉得金融家的问题与其说是整体薪酬方案的问题，不如说是薪酬结构的方式问题，尤其是将短期业绩与奖金挂钩的习惯：这是在邀请他们犯罪！顾问们当面嘲笑我，说我太天真了，这一点是没办法改变的。我有些严肃地回答说，如果我们自己不能施加合理的限制，那么立法者最终会介入——这正是现在发生的事情。银行家可能已经成为唯一一群由欧洲法令设定薪酬的专业人士。美国人对这种不受惩罚的现象非常愤怒，以至于华尔街的决策者似乎很高兴看到这个话题在总统竞选期间被提出来，而解决这一问题的第一步正在悄然实施。遗憾的是，我们不得不走到这一步，金融专业人士发现自己没有进行自我监管。既然人们的心境已经发生了变化，那么看看事情是如何发展的将会很有趣。

这种责任是一种基本的文化因素。尽管监管变革无疑是必要的，但它们绝对不够充分，因为它们所做的只是将行为非常表面的变化过程纳入了法典。重新点燃对金融的热爱需要我们在游戏的所有参与者之间重新建立一种责任文化。

“大缓和”发生在2007年之前的几年，它通过建立这样的思路开发出一种舒适的文化——风险的细分、再分配和保险是对系统可行性的保证。在这种文化中，决策与责任是互相分离的，因为风险的分布越来越广泛。在这台全球化的机器中，没有人要独自参与任何事情。回到金融的起点，还意味着要重新发扬亨利·福特（Henry Ford）等人构想的资本主义精神：资本主义只有在严格尊重道德的前提下才能存在和发展。这一思想主导了G7的财政部部长和央行行长于2015年5月在德累斯顿（Dresden）举行的会议：他们如何才能为银行业制定一部法典呢？金融本身并不是目的，而是一种服务于实体经济和社会的手段，用来促进投资、增长和共同繁荣，根植于对这种意识的理解，这部法典应根据自愿承诺的伦理指导原则来起草。

这种呼吁也必须让所有的学院和大学贯彻，在这里，金融伦理应当被强制性地以最实际的方式教授。商业案例在几十年前就成为规范，那么道德案例也应该成为所有课程的参考。

不再忽视道德立场存在的分歧

在金融伦理问题上，我们可以通过倾听各种宗教的智慧之声而获益。长期以来，通过参与法国社会基金会——一个致力于宣传基督教社会思想的有百年历史的协会，我一直支持天主教的社会信条，即共同利益、基层社会参与和穷人的优先选择。[1]我还参加了几次在梵蒂冈举行的研讨会，特别是2014年7月由加纳阿克拉（Accra）大主教、特克逊红衣主教（Cardinal Turkson）主持的教皇正义与和平理事会（Pontifical Council for Justice and Peace）举办的关于经济和共同利益的国际研讨会。我们讨论了共享增长并使其具有包容性，创造社会和领土凝聚力，以及使金融服务的人数最大化的问题。宗教在这些问题上向我们传达了宝贵的信息。在开展研讨会的一天中，教皇方济各（Pope Francis）与我们共进午餐，并警示道，我们所处的时代标榜“人类学简化主义”，谴责以“浪费文化”为主导的经济体系。[2]对于当天聚集在一起的所有领导人来说，他的这次呼吁和2013年教皇对意大利兰佩杜萨岛（Lampedusa）“冷漠的全球化”的告诫一样，是一记拯救生命的警钟，也是采取行动的一种激励。教皇方济各在2017年的另一次会议上说：

> 那些导致或允许他人被抛弃的人——无论这些被抛弃的人是难民、受虐待或被奴役的儿童，还是在寒冷天气中死在街道上的穷人——都变得像没有灵魂的机器。因为他们隐含地接受了这样一个原则，那就是他们迟早也会被抛弃，当他们被证明不再对一个让财神——金钱之神——成为社会关注焦点的社会有用时……我们需要学会怀有同情心。同情心能够让金融和政治领域负有责任的人利用起他们的聪明才智和资源，让他们不仅致力于控制和管理全球化带来的影响……也会在必要时纠正全球化的发展方向。[3]

让所有人都能理解金融

我们必须把教育的需求融入这种责任文化中，这种文化是为了实现金融体系的重塑。金融常常隐藏在复杂的金融工具背后，但只要你花时间去解释它，它的基本机制就很简单。长期以来，金融业一直试图让讨论变得难以理解，有时是出于自满，有时是出于恶意或不诚实。尽管如此，它似乎对那些通过自己的金钱参与其中的人不屑一顾。现在是时候让参与其中的人系统地解释他们在做什么了。虽然获得资金支持是个人自由的一个决定因素，但这种自由只能在一定的知识水平下行使。世界上的每个公民都必须能够理解储蓄、贷款和投资的含义，以及这些活动对经济的贡献。没有这些，我们将永远无法重建公众对金融的信任。《多德-弗兰克法案》在这方面迈出了值得注意的一步，它设立了金融教育和消费者保护局来负责向公众提供信息，并对提供给公众的产品进行分析。欧盟已经开始为这个目标努力，正在建设自己的在线教育工具——消费者课堂（Consumer Classroom），[4]以提高消费者对金融事务和信贷的意识。这些努力自然会涉及更多技术问题的回答，包括一些最不为人所知的问题，如关于会计的问题。然而，他们必须超越这些最初的步骤，我希望教育系统能够将更多这方面的知识整合到课程中。

我们还必须开始质疑财务报表的表现方式。目前的会计制度基于所谓的市值计价方法，在实际使用中却是清算价值的计价方法，当然二者是一致的，但市值计价方法在经济推理方面具有重大影响。当你系统地计算市场价值或重置价值时，这会影响你对整体进行思考的方式。为了避免这种偏见，你必须鼓励综合性地汇报工作，把公司的整个战略浓缩成几个易于理解的页面，而不是发布一份500多页的年度报告。用简明的英语报告一家公司正在做什么，其目标是什么，比以一种不透明的方式堆积页面更为重要和必要。

所有金融专业人士、企业和全球机构领导人都必须能够为这些努力做出贡献，并确保这些努力能在不造成新的复杂性的情况下满足预期。民主国家的一项基本责任是让公众接触到管理者，让公民和雇员了解政府或公司的更大目标，提供这些改革战略，并帮助人类在不过度简化的情况下把握世界的复杂性。

构建一个平衡的“治理三角形”

我们不可能魔杖一挥就让金融重新变得有吸引力，我们有很多工作要做。我们自然需要从监管改革开始，然后考虑银行业及其他领域，进而整合整个金融领域。而这种必要的转变本身是不够的，我们还必须重塑相关参与者的行为，而不是过于依赖他们自行改变的理想场景。在这种场景中，他们会突然“醒悟”什么是正确的。

我们所做的改变必须要实现更好的教育，或是让更多认真思考的领导者改变规则或倡导必要的改变，尽管人们的怀疑与日俱增——部分著名金融人物近期发表的演讲都支持在金融领域实行更好的问责制度，包括英国央行行长、金融稳定委员会主席马克·卡尼、黑石集团首席执行官拉里·芬克（Larry Fink）以及“大社会资本项目”（Big Society Capital project）创始人罗纳德·科恩。除了这些指导性的声音，最为苛刻的投资者和消费者也会对其施加压力。金融同样受到与薪酬相关的财政参数变化的影响以及对外部因素（如碳价格）关注的影响。尽管机构投资者（其中包括一小部分有影响力的参与者）的权力上升可以被视为一种风险，但这也可以成为一个更加用心重建金融领域的机会。国际组织，特别是开发银行，将在促进、评价和测试创新及变化方面负有突出的责任。

3种力量的组合（监管；金融参与者的角色，包括其中最大参与者的角色；国际组织的承诺）可以被证明是强有力的，而且很可能成为改革的关键之一。改革还将受益于社会压力以及联合利华（Unilever）、玛氏（Mars）和达能（Danone）等跨国公司的先锋作用。从某种意义上讲，我们看到了水集团在我们的《水》（*Eau*）一书中所描述的“治理三角形”，其中“公共当局、私人利益（工业、农业、商业）和由消费者及用户组成的公民社会并肩作战”。[5]

公共当局（既不被压制，也不被取代，但被纳入治理体系）向公民社会发出立法和监管信息。这意味着公民社会要遵守这些信息……治理通过使用者的“最优实践”在这些规则中创造平衡……

第二个平衡建立在私人、工业、商业利益与公共权力之间。公共权力遵循市场规律：信息透明、竞争、供求之间的价格和数量均衡……自由经济的规则是由公共权力对私人企业施加的监管（而不是由规定）来调和的……

第三个平衡是公民社会与私人利益以及企业与客户之间的平衡，它影响所提供的服务的质量（包括价格）和社会所表达的需求性质。客户可以是用户或公众成员，公司可以是政府机构和公共服务机构，这些语义不会改变问题。总是有生产者的一面，也有消费者的一面……最终的平衡是经济方面向个人方面屈服的问题。

治理三角形的每个顶点都在试图控制对立均衡的合理运作。[6]

如果我们要重新让金融变得有吸引力，重新获得对这项无与伦比但难以驯服的工具的控制权，我们就必须在这些方面不断寻求平衡。

对视野悲剧施展魔法

另一个应该指导我们重启金融体系的当务之急是结束短视的暴政，以便在我们的集体行动和决策中更好地考虑长期发展。

在2007—2008年的金融危机期间以及随后的几年里，“在圈内”的生活在这一方面给了我启示。在掌管世界上两个最大的银行时，我必须兼顾两种不同深度的洞察力：思考当下，以确保银行不会撞上冰山；思考未来10年，以决定如何重建才能长久生存。换句话说，“我必须既是一名应急响应人员，又是一名侦察员，这样才能找到我应该在正确的时间使用的公式”。[7]但是，不同的时间框架会相互碰撞。

金融参与者、更广泛的政治家和技术官僚的任务，就是考虑所有这些不同的时间框架。马克·卡尼向伦敦劳埃德保险公司（Lloyd's of London）传授了这个教训。在卡尼“打破视野悲剧”的演讲中，他提到了气候变化，他指的是“公地悲剧”的经济现象。他展示了气候问题（15～20年后）与交易问题（提前一分钟）、银行问题（下个季度或下一年）以及央行行长处理的问题（3～5年后）之间的距离。简而言之，在我们目前的状况下，没有一个金融参与者有动机去思考气候问题。正如马克·卡尼所说：

> 我们不需要一支精算师队伍来告诉我们，气候变化的灾难性影响将超出大多数行动者的传统视野——由于我们这一代人没有直接的动机去解决这个问题，它会给子孙后代造成负担。这也意味着它超越了商业周期、政治周期和受职权约束的央行这样的技术官僚当局的视野。货币政策的期限为2～3年。就金融稳定而言，这个时间要长一些，但通常只会在信贷周期的外延边界停留——大约10年。换句话说，一旦气候变化成为金融稳定的决定性问题，就可能已经太迟了。[8]

金融家有责任在这场视野悲剧上施展他们的魔法，以一种简单易懂的方式让所有相关各方都能理解“我们越有远见地投资，事后的后悔就越少”这句话。

远离短期主义的暴政

2016年4月，拉里·芬克又给我们上了一课。在一封致欧美大型企业董事的信中，这位全球资产管理界领袖——黑石集团的首席执行官敦促企业克服“为季度收益歇斯底里的文化”，敦促其脱离投资者要求对战略提供新视角的迫切要求。尽管芬克一再呼吁企业的首席执行官要树立长远的眼光，“但很多公司仍然在继续做出可能削弱其未来投资能力的行为”。芬克警告道，将利润重新分配给股东的系统化做法，是“以牺牲长期价值为代价的”。这显然会威胁到这些公司的生存，因为在这个世界上，从气候变化到多样性，再到董事会有效性等一系列长期的环境、社会、治理（ESG）问题都会对公司的财务产生实际和可量化的影响。[9]

好消息是，这封信似乎受到了收件人的热烈欢迎。当你管理着5万亿美元的时候，你就会对市场行为产生不可否认的影响！

这些要求采取行动的呼吁并不是为了消除金融，而是为了改革金融。我们想利用金融来做它能做的事情——拓展我们的视野，而不是简单地接受命运。让·法维耶（Jean Favier）是我们这个时代最受尊敬的历史学家之一，他告诉我们这样一个教训：

> 人类所做的一切都是未来，包括山峰和巨浪的命运，我们所看到的和所猜测的，物质世界和我们的梦想。地平线向我们每个人展示了我们的需求和能力的水平与极限。我们接受某些视野，也接受某些视野消

失。一种处于无菌状态，另一种则是现实存在的。另一种只是一个想法，而且很有价值。两者具有精神与实例的相对性。通过将两者包围起来，可以定义人和事物、资源和伙伴。聪明的人知道如何扩大这个圈子。它需要创造的意志，我们可以称之为无畏或者企业精神；它还需要对现实的直接认识，这种认识创造了可能性，创造了理想的距离。因此，视野在需求和野心的范围内创造了自己。[10]

这是地理大发现时代（Age of Discovery）的奇迹：当欧洲人不再接受已知世界的局限时，他们以一种不同寻常的方式拓展了自己的视野。这一切都始于葡萄牙的航海家亨利（Henry）。有一天，他决定付钱给他的水手，让他们在波加多尔角（Cape Bojador）航行——波加多尔角是当时欧洲人知道的非洲的最南端，因为海兽的存在被认为是无法通过的。第一次探险和第二次探险都失败了，但是第三次探险成功了，这表明这个地方没什么好害怕的。[11]在某种程度上，是金钱让这些探险者直面恐惧，继续前进！

正如我以前说过的，只要金融得到很好的利用，它就是我们管理未来长期和未知领域的最佳工具。想象一下，如果我们最终能调动我们所有的智慧和能量，并将这种观点铭记于心，可能会发生什么！但这需要我们改变思维模式，用一种不同的方式来思考金融，思考我们每个人如何更加明智地改变自身的行为。好消息是，这种动员已经开始，并且正在形成一场无声的革命。

第十章　一场无声的革命正在进行

重新启动金融系统意味着我们要将该工具所有的可延展性和创造性重新用于公共利益。这也意味着我们要明智地使用它，重新定位指南针，使它回到正确的方向，给它提供正确的信号。我们不能忽视或者削弱市场的力量、投资者的影响以及企业赢利的愿望；相反，这些力量需要更好的（而不是更糟糕的）引导。此外，我们不能否认金融的巨大能量——我们也必须利用这一点，我们要借助它的代码，利用它的拥护者（以一种不同的、新的方式来领导和激励他们）来管理对可行项目的投资，这些项目可以让我们形成一种对未来的认识。近年来，随着这一目标的出现，全球涌现出了大量的构想、创新和举措，它们证明了金融是多么有价值，甚至可能超越我们敢于想象的程度。我们需要更多地讨论这些想法，并以非专业人士容易理解的方式进行讨论。我们将通过用直白的语言展示金融如何发展以满足世界上一些最紧迫的需求，来帮助金融进行自我修复。我们还必须在自己作为投资者、储蓄者、客户和退休人员所管理的最大范围内发起各种大规模的倡议。届时，我们将看到，我们在2015年制定的目标是完全可以实现的。或许最不为人所知的因素之一是，我们这一代人正处于一个转折点，在这里我们可以通过将金融作为我们的仆人来推动大规模的变革，从而迈出变革的步伐。

市场的无声革命

现在，社会和稳定的经济处于混乱之中。论坛、测试实验室和新方法围绕着智慧的、合乎道德的金融理念在运行，这些金融理念对社会负有责任，能够摆脱短期主义的不利影响，并从长远考虑，为人类制订可持续发展计划。在“互惠经济学”［economics of mutuality，由布鲁诺·罗奇（Bruno Roche）和杰伊·雅各布（Jay Jakub）[1]倡导］这样的概念中，循环经济、影响力投资、绿色债券和共享价值等不会再让人傻笑或翻白眼，它们所体现的金融创新逻辑，不仅真正激发了专家的兴趣，也真正激发了公共当局和投资者的兴趣。在全球范围内，许多这样的概念已经在积极推动着资本主义。一个新的金融体系必须能够在极其天真的情况下，将其整合到随后的新产品和市场中。

巴黎高等商学院金融学院（HEC Paris’s Finance）的四好（4 Good）项目、斯坦福大学商学院（Stanford Graduate School of Business）的影响力基金实验室（Impact Funding Lab）和责任企业实验室（Responsible Business Lab），以及牛津大学的影响力投资项目（Impact Investing Programme）——在这场运动中，它们是全世界最负盛名的学校将自身定位为运动引领者的一些实例。例如，蒙特利尔高等商学院（HEC Montreal）创建了合作金融国际研究中心（International Research Centre on Cooperative Finance）。该中心的负责人利姆·阿雅迪（Rym Ayadi）解释道：“向着同质化的金融体系全速前进……事实证明，这一制度的性质在本质上是多种多样的。多元化是多种金融组织形式并存的结果，如股东价值最大化与利益相关者价值最大化的金融机构。每个参与者都有自己的激励体系，并对这个激励体系对整个经济和社会的贡献有自己的看法。”[2]

哈佛大学管理学教授、战略与竞争力研究所（Institute for Strategy and Competitiveness）所长迈克尔·波特（Michael Porter）提出的共享价值概念，目前也被应用到了其他有影响力的举措中。这种概念远比企业社会责任更具有吸引力。企业社会责任或多或少是由机构自愿采纳的，并且在许多情况下会招致机会主义的指责。波特说道，与之相反，企业可以更进一步，“通过创造经济价值的方式为社会创造价值”。[3]企业不仅可以通过自身的影响力来保护环境，通过自我装备来对抗相关的负外部性，还可以重新塑造运营方向，同时通过更新产品和服务来适应社会需求，以便将社会的需求和期望融入企业的产品和服务战略，提高自身在价值链中的生产效率（如通过商品市场），为创建集散地做出贡献（如加利福尼亚州的硅谷或法国已有的众多竞争性集群）。

如今，从制药行业到银行业，再到食品生产行业，很多企业都在采用共享价值的举措。特别地，银行业对共享价值概念的应用值得模仿：[4]几家大型银行（如巴克莱银行、荷兰国际集团、摩根大通、法国农业信贷银行和法国兴业银行）正在了解客户——从大型的机构投资者到企业，以抓住供应替代性新能源市场的机会，这些市场包括房地产市场和农业开发市场。这些社会和环境的市场是银行创造共享价值的重要机遇，从需求规模角度来看，[5]它们日益变得“有利可图”。它们可以提高利润，同时又重申自身存在的意义（法语：raison d’être），即为经济和社会服务，为解决地方和全球问题提供资金。

亲爱的投资者：关于社会影响

另一种革命性的方式有着光明的未来，即社会影响力投资，也被简称为影响力投资。它包括“所有旨在实现精准的社会目标和财务回报的投资，并衡量每一项投资所取得的成就”。[6]非常重要的是，该理念的倡导者系安佰深集团的创始人、英国富商罗纳德·科恩爵士，他也被认为是风险资本和私人股本的创始人之一——传统金融的楷模成了新金融的名誉领袖。这当然是一个信号，正如我们曾经讨论过的：“从根本上说，19世纪是收益的时代（要回答的主要问题是我的投资能给我带来多少收益）；20世纪是风险—收益的时代（我的投资收益是否足以证明我承担的风险是合理的）；21世纪似乎是风险—收益—影响力的时代（我承担了多少风险，我能赚多少钱，我的影响力是什么）。”

简而言之，我们已经从一个二维的金融市场向一个三维的金融市场转变，在这个金融市场中，投资者致力于建设一个更好的社会，使每个人都受益。

这种创新的融资方法的最新进展是社会影响力债券：继绿色债券后，社会影响力债券（率先在英国出现，随后在其他国家出现）是一种“非传统形式的由国家（或公共借款人）发行的债券，它没有固定的利率，但在一个预先确定的时期，它承诺为特定人群的重大社会改善（如减少囚犯的累犯率）提供资金”。[7]这种社会金融的概念最初是为了治理长期社会问题（如旷工、文盲、累犯和社会排斥）而发展起来的，现在开始扩展到教育或公共卫生等领域，以帮助最脆弱的人群（如青少年、老年人、残疾人或无家可归者）。

这些新的融资方式绝不是乌托邦式的。影响力投资在市场上迅速增长，这种类型的投资已经使我们在减少累犯、改善儿童和老年人的医疗保健以及普惠金融方面取得了进展，即使这些投资项目不是一帆风顺的，并且也已经出现了一些失败。可口可乐在巴西以及达能集团在孟加拉国推行的举措，都在当地创造了价值和就业机会。[8] 第21次缔约方会议之后，我们在2016年第一季度见证了绿色债券破纪录的发行量（仅一个季度全球发行量就达到165亿美元），发行人包括多边机构（如世界银行和欧洲投资银行）、大型企业［英国电网公司（EDF Energy）、联合利华、液化空气集团（Air Liquide）、苹果］和中型企业。

在没有大张旗鼓地宣传的情况下，一场革命正在发生。正如科恩所说，影响力投资“带来了市场的无形心脏，指引着市场的无形之手”。[9] 金融的巨大优势在于，它是一个灵活的系统，能够对激励机制做出机械反应。为了让金融系统转向正确的方向，我们只需要为其提供好的激励措施，比如要求代表客户投资影响力的银行或基金是积极的，并要求其所购买的股票具备社会或环境效益。但这种联系有时会被误解或在公共领域造成不信任。这就是为什么在我看来，我们必须更好地解释投资者的所有战略角色。第21次缔约方会议给我们上了一课，它向我们证明了私人参与者和公众参与者可以携手合作。而现在，我们需要改进这种方法的应用。

金融与气候：迈向新的命运共同体

虽然搅动市场的无声革命在对抗气候变化方面可以发挥特殊作用，但我们关于气候的讨论在一定程度上只强调了金融所造成的众所周知的阻力。让我们不要自欺欺人了：每年全球范围内承诺的1 000亿美元的公共援助是一种团结的义务，但它本身不会产生任何影响。2009年，哥本哈根峰会将这个数字视为我们集体承诺的象征，但是，每年1 000亿美元的公共援助并不足以减少全球经济100万亿美元的碳足迹。这种转变只有动员市场才能发生，因此也需要相关参与者的行为有所改变。

我们已经看到，越来越多的公司和股东在选择投资、储蓄、营销产品和建立会计制度时考虑到了气候因素。特别地，越来越多的投资者，通过撤出对碳（如法国农业信贷银行的子公司东方汇理在2015年的做法）和碳氢化合物（如洛克菲勒基金会在2016年的做法——它出售了埃克森美孚的全部股份）的投资来“绿化”自己的投资组合，将资金转而投向与能源转型相关的项目。2014年，法国的电力公司苏伊士环能（Engie）发行了迄今为止私人企业发行的规模最大的绿色债券（25亿欧元），用于资助风力发电、水力发电和提高能源使用效率。2015年10月，英国电网公司也发行了创纪录的12.5亿美元的绿色债券。与以往不同的是，这些选择不仅是基于道德考虑，而且从财务角度来看也是合理的。洛克菲勒基金会在2016年3月23日表示：“继续持有对这些公司的投资，继续探索新的碳氢化合物来源在财务上或伦理上都没有什么意义……”[10]

实际上，金融风险正在不断攀升。经济参与者不能再忽视马克·卡尼所描述的转型风险，这种风险对全球金融稳定构成的威胁不亚于前者。

以政府间气候变化专门委员会（Intergovernmental Panel on Climate Change，简称IPCC）估计的碳排放预算为例，该预算可能会将全球气温上升限制在比工业化前水平高出2℃的水平。这一预算相当于全球已探明的石油、天然气和煤炭储量的1/5～1/3。如果这个估计值是近似正确的，将导致绝大多数储量被搁浅——如果没有昂贵的碳捕获技术（这本身就改变了化石燃料经济学），绝大多数石油、天然气和煤炭储量将无法被实际使用。这种风险暴露……包括保险公司在内的投资者对这些变化的反应可能是巨大的。[11]

如果这些如今在全球经济中占数万亿美元的财政预算迅速贬值，那么世界可能会经历一场毁灭性的崩溃。在这样的情况下，卡尼总结道："为我们的经济的去碳化提供资金对保险公司和长期投资者来说是一个重要的机会。"从现在开始，金融和气候的命运与未来发生的任何事情都息息相关。因此，市场有兴趣尽可能地预测这种转变的未来。正如卡尼所说："我们越有远见地投资，我们就越不会后悔。"[12]

不管怎样，卡尼将向参与者提供指引的责任完全推给了政策制定者，即根据固定的价格标准让温室气体的排放变得昂贵。从本质上讲，这类指标会逐渐对人们的行为产生影响。它将给市场提供一个信号，让市场通过长期验证替代性能源来完成必要的工作。企业、投资者和消费者会考虑所有这些因素，以将碳排放税纳入他们的经济模型和项目计划，将他们的选择导向绿色的解决方案。苏伊士环能的总裁杰勒德·梅斯特雷（Gérard Mestrallet）在2015年解释道："这些碳价格机制不应该被认为是对全球经济的制约；相反，它们将创造信心，刺激投资和创新，同时为公平竞争创造条件，从而成为必要的增长加速器。"[13]这是最有力的例证之一，说明如果我们合理地应用金融，那么金融可以成为未来短期、中期和长期的一种创造力。通过适当的监管框架发出正确的信号，并配备必要的监督和衡量标准，我们可以利用金融的能量为人类的共同利益服务。

但是，它可以被大规模推广吗

从理论上讲，为了人类的共同利益利用金融是不存在任何限制的。至少从2002年开始，我个人是相信这一点的，当时我还是米歇尔·康德苏领导的全球水基础设施融资工作小组的成员，随后又在法国总统办公室与他并肩工作，并参与了许多对开发性金融至关重要的项目。

为获取水资源筹集资金

正是在这个工作小组中，我第一次经历了为共同利益而进行的金融创新，第一个项目就是普及清洁用水。我们的工作小组很快意识到，事情并非看起来那么简单，因为人们普遍认为水是上帝赐予的礼物，是最神圣的资源之一。但是，糟糕的是上帝没有想到要制造管道来分配水资源！这个领域的需求是巨大的：为了实现千年发展目标，每年需要1 800亿美元，是当时可用资金的两倍（并且几乎是当时官方发展援助的两倍）。[14]在“资助人人享有饮用水”的研究中，我们提出了84项措施，其中“可持续的饮用水关税”是我们推荐的一个思路。“要解决巨额的资金问题，我们必须首先利用自身拥有的最合理的资源——通过合理、有效的关税政策搜集起来的自筹资金”，换句话说，我们需要“一个现实的和适用社会的”政策。我们在南非的一项试验中获得了成功并受到了启发，该试验基于这样一个原则，即为用于游泳池或洗车的水支付的费用高于用于灭火的水是合理的。我们建议前几立方米的水应该免费，但超过这几立方米的水都要收费。这样，我们确定了“可持续回收成本的关税原则”，使用了关税公式，“试图考虑不同阶层人口的贡献能力”，以便“以同等或更低的价格向最贫穷的人提供更好的服务”。[15]

对飞机票的小额征税

作为总报告人，我和财政部监察长让-皮埃尔·兰多（Jean-Pierre Landau）一起在2004年的《新国际金融贡献报告》（又称《兰多报告》）中对为全球团结融资的问题进行了研究，我也因此探索出了另一种明智地利用金融的方式。[16]这是我最引以为傲的创新之一，因为2005年针对飞机票的“希拉克税”的诞生让我们在全球层面巩固了负责任的全球化理念。早在2002年，在蒙特雷召开的关于开发性融资问题的国际会议上，时任法国总统的雅克·希拉克就提醒我们："我们可以很自然地预见，人性化融资和掌握全球化正是通过其所带来的财富实现的。因此，我们必须更多地考虑国际税收的可能性，以便将所得的收入用于官方发展援助。"[17]

这一设想是让我们制定一项国际财政政策，通过它的杠杆作用来找到开发性融资所必需的资源，同时尽量减少个体为征得同意而付出的努力。这种办法的重要性还在于，它保证了可预测的和长期存在的资源，这些资源不受议会和民主投票的影响。

2003年，雅克·希拉克指派给让-皮埃尔·兰多和我一个组建工作小组的任务，以听取各方不同的意见（从金融交易税和援助公民协会到国际货币基金组织、财政部、法国开发署、托尼·阿特金森爵士、乐施会）。最高级别的专家，包括经济学家、金融家和税务专家，负责从实用角度来评估多种金融创新项目的可行性，特别是具有可能性的不同形式的国际税收：针对金融交易的微观税收，针对海外资本进出避税天堂时的税收，针对海洋和航空运输的绿色税，针对飞机票的现收现付税，等等。我们所保留的正是最后一种选择。我们之所以选择它纯粹是出于实践，特别是因为它的实施在征收方面不会有技术上的困难，同时也因为空运和全球化之间存在联系。在规模效应的影响下（当时，全球每年售出30亿张机票），每张机票1美元的普遍且轻松的贡献至少会为我们带来30亿美元的收入，与此同时，不会损害整个行业的经济收入。

这就是金融最卓越的力量之一：它允许我们通过针对经济活动的边际收费机制来扩大团结的基础，也允许我们通过调动由全球化所创造的新财富的一部分来为公益事业提供资金支持，而这些资金的很大一部分避开了国家层面的税务系统。在这种情况下，"希拉克税"让我们筹集了近20亿美元用于抗击艾滋病和大规模流行病的资金。法国和其他十几个国家建立了伙伴关系，将这笔资金用于建立一个国际药物采购中心——被称为联合国国际药物采购机制组织，该中心已成为全球医疗融资的支柱之一。作为一个采购中心，联合国国际药物采购机制组织受益于与制药公司协商大幅降低价格的市场优势，其中超过80%的预算流向低收入国家。

为了未来的承诺现在就动员起来

当“希拉克税”与另一种涉及金融工程的创新相结合时，它就成了一项更有趣的金融创新。英国提出的想法是，建立一个“简化的国际金融”机构，汇集可持续资源，为疫苗接种提供资金。它的运行方式是，如果一些国家承诺在10年内每年捐赠10个单位，那么我们就可以认可这些若干年的承诺，并立即在市场上筹集资金（也就是说，现在是100个单位），然后用未来的付款偿还设备。参与这一机构的国家所做出的筹资努力，可能从一开始就以承诺的未来金额为抵押贷款，而不是在每一年减少数额。这样，我们就能产生更大的质量效应，并迅速得到显著的效果。这就是国际免疫融资机制（IFFIm）在2006年成立的原因，国际免疫融资机制的使命是通过10个国家的多年承诺，定期在金融市场发行股票债券。[18]其筹集到的资金将被重新注入全球疫苗和免疫联盟。这是一种公共和私营合作伙伴关系，国际免疫融资机制被授权执行所资助项目的行政职能和现场执行工作。迄今为止，国际免疫融资机制已经筹集了52亿美元。2006—2008年，这一机制帮助我们拯救了生活在发展中国家的300万人的生命！这不仅仅是财政政策的公开重组（这不是什么新鲜事），而且是各种努力的真正结合。

金融由一只坚定的手控制：天空是极限

金融可以在很多领域建立起非凡而有效的机制，它允许批量购买和提前购买，并产生杠杆作用。例如，在医疗领域，盖茨基金会（Gates Foundation）这样的现代慈善组织就进行了金融实验，它通过向疫苗接种市场引入担保，使得疫苗的广泛使用和在发展中国家的低成本分销得以实现。

与让·托德（Jean Todt，国际汽车联合会主席、法拉利前首席执行官、联合国道路安全特使）一道，我正在牵头讨论如何以同样的方式在道路安全方面利用金融机制。道路安全是一个比艾滋病影响更广泛的问题。在全球范围内，每年有130万人死亡，5 000万人受伤，其中大多数交通事故发生在贫穷国家（其中许多是儿童，每天有500名儿童死于交通事故）。当然，道路安全与艾滋病问题的不同之处在于我们知道解决办法：增加提高道路使用者法律认知的宣传运动；实施限速及禁止在毒品或酒精影响下驾驶的法例；改善雷达、人行道和减速带；升级公共照明。所有这些措施都不会特别昂贵，但它可以挽救数十万人的生命。[19]为了持续地为这些解决方案提供资金，我们可以从汽车开始（每年售出8 000万辆），对汽车产品征收微税，每个汽车产品"轻松地"贡献5美元就能持续产生数亿美元。

类似的想法也可以在教育等其他领域实施。目前，我正在与联合国全球教育特使戈登·布朗共同研究这个问题，以建立国际教育融资机构（IFFEd）。

所有的金融参与者都需要更好地了解这些举措是如何运作的，也需要了解金融不可替代的作用。为了有效地满足需要，我们必须适当地结合财政征收，调动和结合公共与私人资源及能力的各个方面。与此同时，我们必须不断创新，从不同的利益相关者那里获取想法，然后使用正确的机制快速地测试它们，看看哪些想法值得大规模推广。在第十一章中，我讨论了我们进行此类测试的最强大的论坛之一——多边机构。

在第三部分中，我们将看到这种受控制的融资方式如何能够帮助我们恢复人们对多边体系的信任，并促进国家之间真正的合作，以服务于人类的共同利益。

第三部分

金融是重塑全球合作的核心

第三部分　金融是重塑全球合作的核心

第三部分讨论了金融如何成为我们迫切需要的合作复兴的核心。金融是一个全球性问题，需要采取协调一致的方式。然而，金融不止于此，它也是国际合作的工具。如果金融被控制得当，那么它可以帮助多方共同努力，以有效的方式为人类的共同利益服务。

如果我们想认真对待我们在当今世界面临的所有挑战，那么我们必须抵制肆无忌惮的民族主义力量。金融是全球性的，它不受限于国际边界。我们需要控制金融的力量，但不是通过发明新的甚至更官僚的体系来提高机构的效率，而是通过改进现有机构来提高机构的效率。我们必须升级全球化的操作系统，并确保它不会因为系统的缘故而把公民丢在一边。通过这些行动，我们可以提高我们创建的机构的合法性，并以最恰当的方式引导金融和资源。其中一个关键因素是持续努力地改进现有的机构，它们都是长期建立的大型组织，需要以更有效的方式释放其核心价值。这种改进并不涉及采取阻力最小的方法。

第十一章考察了自第二次世界大战以来建立的制度，包括它的成功之处和它在当今世界的局限性。第十二章着眼于金融如何帮助我们对系统进行必要的调整，并真正创造一个服务于我们所有人的工具。

第十一章　一个有待保护的奇迹

我们面对的是一个残酷的事实，一个我们知道并且会经常忘记的事实：没有哪一个世界领导人有能力单独去解决世界上的重大问题。今天，这种说法比以往任何时候都更加正确。无论是气候变化问题、移民问题、公共卫生问题、数字技术问题，还是最明显的资本流动问题，大多数问题现在都需要合作和全球性行动。我们的领导人已经别无选择，他们必须面对一个残酷的事实，即他们所统治的人民因为受到威胁、被遗忘、被语言不通的巨型上层建筑压垮而感到沮丧和困惑。领导人们已经被一种看似无形的机制取代，他们所领导的社会仿佛是在自动驾驶。

我们如何重新启动国际合作呢？我们如何在发达经济体、新兴经济体和发展中经济体之间建立或改善对话？如何建立和改善多边机构？即使在削弱的联邦制中也要如此吗？离心力迫使我们拒绝对方并自发撤退，我们如何创造团结来对抗这些离心力呢？我们如何从O-H-I-O战略转变为C-A-lifornia战略？也就是说，我们如何从传统意义上的管理好自身事务转变为推动集体行动呢？

这正是金融可以发挥历史性作用的地方。金融不是国际治理进程中一个简单的项目，它可以成为一个动员的实际工具——这项工具如此强大，国际社会将掌握这一工具并制定标准，调整监管和立法框架，试验和扩大新的合作模式，从而确保这一工具真正有效。这样，我们就有了实现目标的手段。资金就在那里，掌握在私人投资者手中，同时，机构也在那里。它们只是在等待被更好地利用！彻底地重建一个全新的金融体系，可能是赋予它们行动意义的最好的方式之一。

当前国际机构的奇迹（有用但令人沮丧）

联合国秘书长科菲·安南曾这样谈及国际机构：

> 在21世纪初，联合国提醒我们要从两次世界大战之间的危机中吸取教训。1945年的缔造者们已经认识到，顽固地拒绝任何经济上的相互依赖是多么具有破坏性。20世纪30年代，最肆无忌惮的经济民族主义和“人人为己”、以邻为壑的政策几乎在世界各地盛行，它们在一些国家退化为政治报复、极权主义和军国主义，而在另一些国家退化为孤立主义。国际联盟在试图对付这些武装力量时开局不利，从来没有机会完成任务。这就是为什么战后的建设者们明智地选择了开放与合作的道路。他们创立了联合国、布雷顿森林体系、关贸总协定（后来成为世界贸易组织）以及一系列旨在确保该体系正常运转的组织……我们现在正在收获他们的劳动果实。[1]

我们必须承认，随着一些国际机构的建立，1944—1945年出现了一些小小的奇迹。以经济和金融合作为重点来规范世界经济是富有远见的。我们很幸运，因为如今在这样一个相互联系且复杂的世界里，发明出这样雄心勃勃的工具要困难得多，甚至是不可能的。我们今天活着的所有人都是这项遗产的保管人，没有它我们什么也做不了。

诚然，国际组织已经建立了一个巨大的、异常官僚的机制，它在许多方面运作不善，有时却运作得非常好，以至于不需要有人来掌舵。的确，这个体系有它的仪式、代码、程序和议程，但它也会产生惰性和挫折感。这一切可能都是不可避免的。

像世界银行这样的机构有189个政府股东。[2]当我主持董事会时，我看到了这种治理所带来的全部影响。想象一下，一个25人的会议定期花3个小时讨论这样的内容：即使从整体来看，每个人都在说着同样的事情，但却会不时出现一些重要的细微差别，即一些人认为男女平等还不够充分，一些人认为我们过于重视公民社会，还有一些人认为公共服务的参与不够充分。如果每个人只发言5分钟，就需要两个多小时才能听完所有人的意见。在这些会议中，我感觉我的大脑被分成了两半，一部分人说这是一种无法忍受的仪式，另一部分人可能会窃窃私语，但还有别的选择吗？这难道不是我们付出的代价吗？这样才能使最强大的人和最弱小的人坐在一起，让他们先后发言，分别代表美国和塞舌尔（多么美丽的象征意义！），防止由西方国家自己来决定地球上的一切事物。或许所有的事情都不能变得完美，尽管这个系统仍然由经济合作与发展组织的成员国主导，特别是美国，但它保持了一种平衡——这个系统年复一年地为了最脆弱人群的利益去调动数百亿美元，去设置一些每个人都会遵循的规则，内容包括童工问题、尊重土著人群问题，甚至包括生物多样性的保护问题。

远离地狱

来自瑞典的联合国第二秘书长达格·哈马舍尔德（Dag Hammarskjöld）说："虽然联合国没有创造天堂，但它让我们远离了地狱。"尴尬和功能障碍是否足以成为放弃这样一项好处的理由呢？

想想所有这些仪式背后的原因不是更好吗？乍一看，这些仪式似乎令人不安。例如，我正在思考的国际峰会。2003年，我在爱丽舍宫工作时，[3]站在依云皇家酒店（Hotel Royal）的阳台上，置身普京、胡锦涛、乔治·W. 布什和雅克·希拉克之间，我发现自己还很年轻。我们正在举行G8峰会，天气很好，最强大的世界领导人在享受阳光，在各自的小委员会里交谈。我侧身走到米歇尔·康德苏跟前，他把手搭在我的肩上，我对他说："这太可怕了！太浪费时间了！我们设法召集了世界各国领导人，不是要把他们关在一个房间里进行谈判和决策。我们给他们几个小时的时间，也不是让他们无所事事地四处闲逛。"米歇尔·康德苏回答道："不要这么肯定。这些'被浪费的时间'，是峰会最重要的时间！其他的都是一种编排而已。我们通常都知道会发生什么，但也有一些小的变化——每个人都看材料，翻译人员翻译，然后在晚上特别代表们把演讲准备好……现在是每个人都能学会理解，学会同情，学会问这样的问题的时候了——你所居住的地区主要有哪些问题？你的妻子和孩子们好吗？突然之间，当他们下次拿起电话时，他们会先询问个人信息，然后才开始谈论政治。这就是国际峰会的力量和附加值，它创造了凝聚力和人际关系。"

2014年，在澳大利亚举行的G20峰会上，我亲自验证了这句话的智慧。我们刚刚（暂时地）结束了乌克兰危机，因此，俄罗斯和美国之间的关系很冷淡。普京甚至派出了一支俄罗斯舰队前往布里斯班！然而，在一个安静的时刻，当大家远离记者的麦克风时，我惊讶地看到俄罗斯领导人和巴拉克·奥巴马及纳伦德拉·莫迪在一起交谈。这证明了峰会机制的某些部分仍在发挥作用，也证明了这种仪式的存在至关重要，尽管它们可能会带来短暂的困扰。

学习文化的无声语言

随着国际社会的多样化和对理解的需求加强，这些仪式变得更加有用。正如联合国2000年宣布的那样：

> 我们现在面临着一个悖论。这是一个战后建立的多边制度，它使新型全球化的出现和崛起成为可能，但也正是全球化使得这个制度逐渐过时。换句话说，战后出现的机构是基于全球化背景而设计的，而我们现在就生活在全球化背景之中。我们当前的领导人现在面临的主要挑战是如何巧妙地从一种全球化过渡到另一种全球化。[4]

我们今天要应对的情况，是从G7过渡到G20的同时不抛弃G7，它还包括学习几十种新文化和新国家的语言和规范。[5]美国人、法国人、英国人、德国人、日本人、加拿大人、意大利人在英国人开口说话时彼此都很了解，而自百年战争（Hundred Years' War）以来一直与英国人对抗的法国人，则知道什么时候“是”意味着“不是”，什么时候“不是”意味着“是”[6]——仅仅靠微笑和眨眼就能判断出一个人是印尼人、阿根廷人、法国人或加拿大人需要几十年的时间。

就我个人而言，这几年通过与新兴国家的代表接触，我了解了他们不同的生活轨迹，学到了很多东西。我想到了一次晚宴，我的左手边坐着南非财政部部长，右手边坐着世界银行的一位中国同事，他也是国际金融公司的负责人，我们在谈论教育。南非财政部部长吐露道：“我是在监狱里受的教育。我在那里工作了10年，因为我是非洲国民大会（African National Congress，简称ANC）的成员。”而这位世界银行的中国同事比他强：“我1958年出生于北京的一个穆斯林家庭，我目睹了‘文化大革命’。对我来说幸运的是，邓小平在1978年开启了改革开放大业，我有机会获得首批赴美留学签证之一。”这个人负责高盛在中国的业务，当时高盛是一家重要的国际机构，现在他又负责引导本国资金投资非洲的发展项目。我们的背景差异如此之大。在我开始自己的职业生涯并成为一名法国的技术官僚之前，我只是在18岁时通过了一次考试（23岁时又参加了第二次考试，因为我喜欢它！）。当你认识到来自新兴国家的同龄人的生活经历时，你会发现他们对世界的看法不一定和你一样，他们也不一定想和你成为好朋友。有一天，一个俄罗斯人告诉我：“真的，如果我们吓到你，那是因为我们知道什么是饥饿，什么是战争。生活对我们的价值和对美国人与欧洲人的价值不一样，他们吃得很好。你们害怕战争，是因为你们害怕失去舒适。你们已经失去了历史的悲剧性意义。”对此，你会如何回答呢？

学习曲线是陡峭的，但学习的痛苦是值得的

我们需要学会更好地理解这些人，他们的文化、价值观、政治制度和生活轨迹和我们的不一样，而他们的胃口和15年前也不一样：他们的期望越来越高，越来越复杂。在中国厦门的一次旅行中，我意外地遇到了一群工人，他们在河边的一个建筑工地工作，正在把一座教堂和教区牧师的住所抬起来，好迁移到别处。我从来没有想过中国人会发展到这个阶段，即保护历史古迹是他们的首要任务——但事实确实如此。让我们放下对一些国家和文化的偏见，这些往往是我们没有花时间去了解和理解的东西。我们将通过真诚的行动来了解他们并与他们合作，以使

我们大家都处于平等的竞争环境中。换句话说，我们要承认他们在决策和国际辩论中可以发挥更大作用的合法权利。这是双向的：新兴国家的领导人也应该能够认识到这些，比如认识到他们的环境或货币政策对发达经济体产生的负面影响。但是，这只有在我们所有人都学会尊重彼此差异的情况下才能实现。

这种尊重差异的做法并不容易。当我们看到欧洲花了多长时间才学会这一点时，当我们看到尊重是多么脆弱时，甚至当我们看到欧盟国家拥有几乎相同的历史、相同的文明时，我们就可以了解到将这种尊重扩展到其他地区的困难程度。即使我们越来越多地说着同样的语言——同样的全球语（英语的一个分支）或者同样的金融语言或数字语言，我们要做的工作也不会越来越少。但是，我们别无选择。我们正在一起生活和工作，并且为了造福全人类，我们将在未来越来越多地一起生活和工作。我们必须推广多边主义的教义，向公众解释国家的自给自足是一种幻觉，回归伊丽莎白时代的英国、路易十四时代的法国、俄罗斯帝国、门罗主义或奥斯曼帝国的怀旧梦将不会得到任何结果。

尽管如此，否认我们彼此之间的差异同样会适得其反。相反，我们必须学会让这些差异为我们工作，为我们创造合作的机会。我想象的不是统一的巴别塔式的世界。如果整个星球都说同样的语言，以同样的方式思考，就不会再有语言和思想了。多样性是人类的无价之宝。我们不应当蜷缩着通过拒绝其他人来保护自己的身份，而应当共同努力，帮助世界上每一个国家发展自己的文化、经济，利用自己的社会资源，帮助每个国家创造自己值得骄傲的珍宝，而不是试图复制其他国家的珍宝。[7]

从合作的角度来看，世界银行是一个宝贵的组织，我们应该更有效地利用它。在70多年的时间里，世界银行创造了自己的文化，我们通常将其定义为：美国政治文化（及其普遍主义倾向）、经济学家与金融文化、发展文化以及由189个成员国政府的原始文化构成的混合体。[8]这些形象比过去更加多样化。正如我在2015年所说："没有什么是永恒不变的。（世界银行的）原则有待商榷，我们必须让它们存在。有些人认为，我们在所有地方强加了同样的观点，但这种情况越来越少了，我们越来越多地谈论我们的'伙伴'。中国人告诉我们，'我们能给你们的和你们能给我们的一样多'。他们是对的。我们的机构可能非常僵化，而且在很多方面仍在一点一点地适应和创造一种全球模式。"[9]

在不破坏效率的前提下提高合法性

20世纪中期，由于美国的远见和领导力，人类成功地建立了有远见且有作用的机构。随着时间的推移，我们已经重新分配了这些机构的任务，并将它们与相辅相成的组织结合起来。联合国、国际货币基金组织、多边开发银行、G7+、G20、G24、G77、金融稳定委员会、欧洲议会等都是国际合作的实践工具。与其决定不使用它们，不如让我们用一个不那么糟糕的系统来充分利用它们。与其让它们崩溃，陷入尴尬和官僚主义，声称我们有足够的国际货币基金组织和世界银行，声称看到它们消失更好，以逃避"金融家的暴政"，还不如让我们集中精力努力适应这些工具，将其现代化，并向全世界和新的参与者（新兴国家、私营部门和公民社会）开放。

我们必须让国际公共领域摆脱单一的威斯特伐利亚体系，这个体系以国家间的关系为中心，到目前为止一直都停滞不前。联合国不能被概括为一个国家联盟，而忽视人民；欧盟也不能被概括为一个国家联盟。同样，世界银行和国际货币基金组织也不能被概括为以董事会为代表的股东政府会议。我们必须让这个全球治理体系更容易为社会各界人士和利益攸关方所接受，并使其更加透明。这个体系已经在很多方面变得更容易理解和更加明智，但人们往往没有意识到这一点，即仅仅把成千上万页的协议、条约和报告放到网上是不够的。我们需要知道如何推动它们，并为这些讨论和国际承诺提供基础和信誉，这也将使它们变得更加民主。国际组织只有将参与性民主更多地纳入行动程序和决策中，才能使人民敢于梦想，才能把人民动员起来。

在全球治理的新方法中，我们的优先事项之一必须是在有效性和合法性之间找到适当的平衡。效率会诱惑我们在全球治理中采用这样的模式——最强大的国家（G7或G8）的领导人组成董事会，他们在自身利益的影响下指导世界其他国家的领导人——毫无疑问，七八个国家的领导人做决定更快。而合法性则让人们这样去行动——无论是生活在特立尼达、多巴哥、美国还是中国，无论是共和国总统、财政部部长、企业家还是公民，每个人都认为自己是这些决策的利益攸关者。成立于1998年的G20，旨在通过召集20个大国的央行行长和财政部部长来应对亚洲经济危机。国际社会已经承认，全球最富裕的七八个国家不再是唯一的决策者。

但这个扩大到20个扩音器的框架如今正在逼近极限：在当今这个相互依存、相互影响严重的世界里，你如何确保自己能够倾听所有没有坐在桌边的人（他们是大多数人）的意见？你如何确保自己考虑了他们的利益？你如何处理被国际金融体系遗忘的国家所特有的问题？如前所述，你如何重新整合那些被代理银行规定排除在外的银行？你如何实施金融稳定委员会（金融稳定委员会是G20的一个组织，覆盖了全球150多个国家90%的金融领域）制定的国际标准？但我们不能忽视一些非洲央行行长的主张，他们觉得自己被要求实施监管，但却并没有参与监管体系的设立。

当我们面临合法性问题时，像世界银行这样的机构应该发挥关键作用。事实上，这个开发银行的存在在世界上是独一无二的：它不仅有一个多国网络，而且还可以通过其在全球的可及性，代表国际社会的“无声者之声”。世界银行受邀参加G7和G20的讨论和峰会；世界银行是金融稳定委员会的成员之一，并在一些制定标准的组织中有代表。这不是一个象征性的地位，这是形成全球共识的途径，是讨论对委托人产生影响的规则的途径。换句话说，世界银行能够表达没有参加讨论的人的意见，并分享他们的顾虑，以确保人们也能了解全球的相互联系。世界银行可以提出其他任何组织都不会提出的问题：新的金融监管框架对新兴和发展中经济体的影响是什么？是否存在不可预见的后果，比如代理银行业务？世界银行可以强调降低风险、度量风险和将风险积累控制在适当程度的重要性。世界银行还需要做更多的工作：提出全球公共产品管理这个经常出现的问题，坚持在文化方面的所有努力，以使高级别的讨论更接近该领域的日常优先事项。世界银行是唯一一个有能力以所需要的强度承担这一使命的机构。我们还没进展到那一步，但我们不能放弃。正是本着这种精神，每次我发现自己置身于这样或那样的论坛时，都会采取行动。我们需要继续进行改革（适应不断变化的世界，而不是去相信一种线性的、僵化的现状的时间），这是至关重要的。我们要以坚定的态度朝这一方向前进，这可能对改善世界银行的合法性大有裨益。来自公民社会和股东的压力必须推动会议的议程并要求取得成果。目前，世界各地的政治环境进一步强化了这一点，在很多地方，人们没有兴趣继续开空头支票。用你所拥有的东西做更多的事情，尽情创新、高效重复。这种对思维模式的改变正是未来需要的。

第十二章　尽管如此，是时候调整了

历史上，国际合作建立在经济合作的基础之上。1944—1945年的体制仍然体现了这一点。然而，最近G20的成立则表明，即便没有经济合作，国际社会在紧急情况下仍然知道该如何合作。当时的紧急情况就是2007—2008年的金融危机，全球对此次危机做出的反应是强化G20。G20由参与各国的财政部部长和央行行长组成，本身就是为应对1997年的亚洲金融危机而成立的，而强化G20就要让参与国元首也加入其中。这场危机的规模之大，需要来自各国最高领导人的承诺。虽然这种制度创新是后来由多位领导人提出的，但事实上创新的第一次尝试发生在2003年，当时雅克·希拉克邀请G8以外的领导人（中华人民共和国主席胡锦涛、沙特国王阿卜杜拉以及领导非洲发展新伙伴计划的5个非洲国家元首）在埃维昂（Évian）召开会议。无论如何，由国家元首组成的G20在应对全球金融危机方面基本上取得了成功，因为它避免了全球经济的彻底崩溃和分裂。[1]

准备行动

2008—2010年，我们经历了一段令人头晕目眩的时期：世界陷入绝境，各国领导人最终解决了他们在此前搁置的金融和宏观经济问题——他们开始监管，即监管银行业活动，打击避税天堂和税基侵蚀（经济合作与发展组织和G20联合开展的一个项目），甚至打击资助恐怖主义的运动。2009年，在伦敦和匹兹堡举行的峰会标志着G20辉煌时期的巅峰。当时，国际社会展现出了远见、意志和领导力，它们知道自己可以胜任这项任务，并避免了20世纪30年代伦敦会议的失败。[2]欧洲也知道如何协调行动，通过并组建了其在欧元区的第一个联盟——银行业联盟（25年前，这是一个几乎不可能实现的愿景，但在2010—2011年，这似乎是显而易见的！）。

无论如何，发展势头和领导力是受欢迎的

至少我们可以说，曾经激励国际社会的非凡精神目前已经丧失了活力。尽管2015年出现了反弹和经济放缓，但显而易见，随着全球危机被视为一次比以往更温和、更不紧迫的危机，G20已越来越成为一个执行国内议程的“空谈场所”。G20看上去很像一个以O-H-I-O战略为主导的“零国集团”。而对于我特别关心的一个问题，即基础设施融资的低效率问题表现得尤其明显。尽管有充分的证据表明，与巨大的需求相比，全球有着大量的流动资金，但在这方面却没有取得任何进展。我们在等待什么呢？

我希望美国读者会原谅欧洲走的弯路：欧元危机和难民危机加剧了欧洲问题，而英国脱欧公投和英国决定离开被民粹主义者谴责的欧盟使欧洲问题变得更加棘手，但它不应该使我们忽略自1950年以来我们所取得的进展。由于欧洲框架是一个复杂的概念，它往往会被分离成技术

和上层建筑，从而损害双子城和学校与学生之间的交流所滋养的原始精神——其支持者经常发现自己处于守势，但他们应该为自己所取得的成就感到骄傲。此外，这些犹豫往往会掩盖重要的部分，即欧洲有行动的手段！如果英国脱欧公投危机表明了一件事，那就是欧洲最好的机会是法国和德国结盟之时：最初的经济领导人（德国）与军事和外交领导人（法国），现在已经成为东西方之间、南北方之间两个强大的引擎，他们能够将欧盟的其他成员联合起来，让欧盟在世界舞台上占有一席之地。当战火从乌克兰蔓延到萨赫勒地区时，世界上还并不存在一个虚弱的欧洲。这个大陆在20年前就梦想着“人民之间更加紧密的团结”，它体现了一个成为世界典范的项目：一个建立在民主、人权、行业认可基础上的共同价值观的典范，一个学习共同生活的实验室。这个项目仍然是我们有责任去保护的未来的典范。如果我们不能在欧洲取得成功，那么我们还能指望哪些其他国家来应对呢？我们有工具、思想、制度，我们有实现目标的手段。但是，如果欧洲找不到领导人来提供指导，或者没有得到欧洲人民的支持和引导，这些工具就毫无价值。

法国尤为如此，鉴于埃马纽埃尔·马克龙的当选及其所代表的象征意义对此负有特定的责任，它仍然有机会对全球治理施加真正的影响。事实上，就其经济和人口在全球治理中产生影响的比重而言，法国对全球治理的影响力在很大程度上还与之不匹配。无论是国际货币基金组织的克里斯蒂娜·拉加德，最近在欧洲央行任职的让-克劳德·特里谢（Jean-Claude Trichet），还是世贸组织总干事帕斯卡·拉米（Pascal Lamy），现在在世界银行担任职位的我，甚至从我们的高度望去令人垂涎的联合国安理会常任理事国席位，都表明法国仍然控制着一系列我们可以动员起来的属性，这些属性让我们的声音在全球化中被听到，但这种声音只有在欧洲作为它的扩音器时才会被听到。从华盛顿的角度来看，欧洲的作用是不言而喻的，正如法国在欧盟内部的作用也不言而喻一样。让我们振作起来！在欧洲需求巨大的时候，法国在欧洲的疲软在一定程度上解释了欧洲在世界上的疲软。法国的影响既是积极的又是消极的，同时也是不合理的。

我属于将统一的欧洲的概念融入生活的那一代人，我们不会成为打破锁链的人。英国脱欧后，我们必须避免积怨和简单化。让我们以身作则吧，承担起我们的历史责任，行使我们的特权，利用我们的行动能力赋予一个项目新的生命。对很多人来说，这个项目激发了我们的专业使命和义务。正如在一次会议上有机会谈到的那样，我半正式半轻率地说："我们约会的时间已经够长了，我们该去开个房间了！"[3]现在是时候迈出一大步，走向一种新型的联邦制了（也许是同心圆式的），我们应该选择欧洲合众国的革命而不是罗马帝国的终结。从某种意义上来说，欧洲是在一系列危机的基础之上建立起来的，迄今为止，它总是能在最后一刻找到反弹的动力。实际上，它已经这样运行了60年，但这并不能证明它还能继续这样运行60年，甚至更久。历史还没有被书写，而结果取决于我们。

如果对欧洲来说这是正确的，那么在很大程度上这对世界其他地区来说也是正确的。我们用以合作的工具尽管不完美，却至关重要。即使这种合作模式远不如欧洲模式那么完整和先进，我们目前的犹豫也不应导致我们回避G20的行动能力。在任何一种情况下，我们都有有发言权的人，他们有能力做出决定从而完成任务。与大多数国际金融机构一样，G20的多数成员也是国际货币基金组织和世界银行的股东，他们具有全球和地区领导力。G20能够通过金融稳定委员会影响国际金融监管，它们的经济重要性赋予它们强大的影响力和动员能力。这不是空话，同时它还指出如何通过提供明确的目标来使这些国家和论坛有助于促进共同利益。

让金融成为全球治理工具，而不是一个议程项目

虽然G20峰会不完美，但它是目前全球经济治理最有效、最具代表性的论坛，也是市场与机构相遇的唯一全球化的场所。我们期待的是让各国财政部部长和央行行长每年见面3～4次，或是让国家元首每年见面一次——它不仅仅是一个技术性地讨论汇率政策、银行制度或通货膨胀率的场所。为此，我们还在等待什么呢？我们该如何处理真正影响人类未来的问题？如何让金融成为一项工具，而不只是一个议程项目？把我们有资源采取行动的事实摆到桌面上来，并问自己，从实际的角度来说，我们如何利用能源？我们如何鼓励公共部门、私营部门和社区参与者之间的合作？我们要采用什么样的合作方式？我们如何调整规则？我们使用怎样的控制和激励措施？对于G20成员为多数股东的机构（如世界银行和国际货币基金组织），我们有何指示？我们如何为实现2015年的承诺调动所有这些资源？

我已经无法更多地强调基础设施建设的案例是多么完美了。无论是分开还是聚集在一起，G20成员能够考虑所有的监管和金融障碍，调动专业知识，培养人才，并定义如何创造新的和公认的“基础设施资产”，从而吸引大量的世界储蓄在最好的情况下远离零甚至负利率的投资。

我们还在等待什么？怎样才能让G20及其一系列国际机构成为真正的领导中心——成为共享领导力呢？如何使它们成为决策和执行中心、部队动员和情报动员场所？如何使它们成为整合和融合的论坛，为实际期望和需求提供场所？如何让它们成为创新、经济、监管、金融和社会中心，以检验理念和定义标准，成为令人痛苦但有利可图的公私合作的全球实验室？[4]

围绕G20的一系列卫星组织正在等待着被更好地利用：B20（Business 20）聚集了来自G20的公司，L20（Labor 20）聚集了来自G20的工会，T20（Think 20）结合了来自G20的智库，更不用说W20（Women20，来自G20的女性）和P20（Public 20，来自G20的公众）。我们还在等待什么？如何才能把这些全球聚会变成实际的工作场所，而不只是清谈商店和原则宣言的平台呢？这些都是潜在地改变世界的无声革命的训练中心。让我们以这样一种愿景和逻辑来领导这个系统，那就是制造商、发明家、建设者、驱动者和催化剂赋予了这种机制肉体、意义、本质和心灵！这是目前我们想要避免看到世界被分裂势力摧毁的最好办法。我们有创造工具的智慧，让我们掌握它们，并让它们为我们所用。

选择一条现有的路径

2016年9月，在中国杭州举行的G20峰会在多个方面都成为全球经济治理的重要时刻。这不仅是中国作为世界第二大经济体首次主办这样的峰会，也是G20首次预见到需要为落实《2030年可持续发展议程》确定的可持续发展目标制订行动计划。2016年春天，在中国的领导下，G20发表了主席国关于气候变化的首份宣言。这为我们在这一方面努力展开国际合作播下了美好未来的种子，值得鼓励。这一信息2017年1月在习近平主席在达沃斯的演讲中得到了呼应（当时美国和欧盟明显缺乏领导力），习近平主席肯定了全球化带来的好处。

G20正开始全面发挥其行动能力，它有义务展现领导力和动员能力，并有能力作为一个榜样。中国知道，它在鼓励其他新兴国家在国际经济合作中达成共识扮演着重要的角色，其中部分原因是出于自身利益。正如英国经济学家吉姆·奥尼尔（Jim O'Neill）最近指出，[5]达成共识不一定是使用相同的政策，而是需要适当的政策来实现其在世界各个部分的作用。在这种情况下，中国在担任G20主席国期间，敦促未来首脑会议的所有与会者在制定长期国家发展目标时严格使用可持续发展目标，使其国内的努力与国际议程保持一致。中国正在开展一项重大的发展促进运动，鼓励领导人与其人民重新建立联系。这一独特运动体现了对《2030年可持续发展议程》的应用，它重新聚焦于人文要素、科学研究、互联互通、制度创新[6]、改善治理以及改善事实。杭州峰会前期工作小组的参与者称赞了中国在准备会议时的开放性和透明性。最后，也是最重要的一点，中国将把基础设施投资（尤其是非洲和欠发达国家的工业化投资）作为一项优先任务，并将其作为全球短期和长期可持续增长的支柱。我对这些努力表示欢迎，并对中美两国共同负责的领导人表示强烈和真诚的支持！

基础设施：障碍是什么

在第九章中，我讨论了自己的观点，即为基础设施提供资金支持是人类在实践中为实现可持续未来而共同努力取得成功的最佳途径。与气候变化或大数据等其他领域一样，多边开发银行和G20在这一领域也提供了宝贵的全球性共识实验室。[7]世界上再没有比这更好的地方可以用来测试工具和想法了，在这里你可以测试一些风险，允许犯错误，并尝试另一种方法。但要做到这一点，我们需要有能力去实施，就像我在2015年的一次采访中说的那样："在没有统一愿景的情况下，就只能在一个国家测试一个想法。你需要询问每个国家的具体情况，了解哪些内容可以在其他地方复制或需要修改。通过鼓励这种能力，一些企业会比其他企业更加成功。"[8]多边开发银行在世界、区域和国家各级发展新模式和范式以及形成整体方法方面可以发挥重要作用。除了进行创新的义务之外，多边开发银行还被赋予了一项协调任务，这对于鼓励新举措与旧举措之间的协调以支持可持续发展目标，以及鼓励所有全球治理的参与者（政府、私营部门、开发银行、国际组织、公民社会）之间的信息交换都是至关重要的。这是人类内部达成一致共识的跳动的心脏。

多边银行的历史性作用将被全球基础设施论坛（Global Infrastructure Forum）采用，此论坛于2016年4月正式启动，并决定每年举行一次会议。该论坛是由列入亚的斯亚贝巴行动议程的国际社会、多边开发银行在轮值主席国基础上与G20、G24、G77和G7+代表以及联合国机构等合作组织共同参与。这种联盟应使各国和发展伙伴能够通过现有的多边合作机制，共同努力克服全球基础设施方面的现有缺点。正如论坛主席在一次简短讲话中所指出的那样，论坛“要广泛征求各方意见，特别是要多听发展中国家的声音”；它“将支持国家主导的规划，执行、监督和评估可持续的、有弹性的、包容的、优先的基础设施项目和稳健的基础设施框架的方法”；它“将系统性地鼓励所有利益相关者——公共当局、使用者、私营部门和民间社会——参与安排，为国内资源调动筹资，为国家和国际筹资，以及为经营基础设施服务”。[9]这种聚会对培养合作精神至关重要，它本身不是一种新的工具，而是对现有工具的适当协调。

G20和开发银行可以更好地发挥作用的另一个重大全球性挑战是为减缓气候变化提供资金支持。正如马克·卡尼在伦敦演讲中所强调的那样，“对气候变化风险以及应对气候变化的技术和政策做出的有效市场反应，必须基于信息透明度”，并在“成本、机遇和气候变化风险方面有所改善”。尽管“已经有近400个项目旨在提供这些信息”，如碳信息披露项目（Carbon Disclosure Project）——该项目为投资者、企业和政策制定者提供关于公司、城市、各州和有超过碳排放限制风险的地区的环境影响的信息，G20还必须“更多地发布关于各种资产碳强度的一致的、可比的、可靠的和明确的信息”。要达到这些标准需要“只有G20和金融稳定委员会这样的组织才能实施的协调工作”。因此，2016年1月，气候相关金融信息披露工作组（Task Force on Climate-Related Financial Disclosures）成立，由迈克尔·布隆伯格（Michael Bloomberg）主持工作，旨在“为公布有关碳生产或排放公司的资料，设计及建立一个自愿性标准”。[10] 2017年，它讨论并实施了首批可交付成果。多边开发银行虽然可以发挥关键作用，可以作为可靠的和有弹性的碳经济的有效催化剂，但也负有确保全球范围内协调的关键使命。这是世界银行与90多家企业、20个政府以及其他私营机构和公共机构合作建立的碳定价领导联盟（Carbon Pricing Leadership Coalition）的目标。该联盟旨在回应加快制定碳定价全球行动的需要。[11]会议首先在华盛顿举行，随后于2016年春天在巴黎举行，碳定价领导联盟迅速利用了由《巴黎气候协定》带来的能源优势，聚集了越来越多的合作伙伴（国家），促进了有效的碳定价，尤其是通过新的“有效碳定价原则”传播关于这些机制的信息。

就集体行动而言，大数据是另一个未来的领域。作为发展的数据管理者，多边开发银行可以在其中扮演战略性的角色。大数据不仅是一项“共同利益”，对于管理合理地释放谷歌、苹果、脸谱网、亚马逊的垄断和对所有人开放同一类活动非常重要，同时，构建可靠数据并进行数据访问也是在全球范围内建立有效发展政策的重要原材料，以使人们做出恰当的决策并为之负责。同样，多边开发银行在这一领域致力于就巩固发展数据和不断改进知识共享方法的原则和标准达成全球共识，使每个人为解决全球发展挑战做出贡献成为优先事项，包括帮助各国取得可衡量的成果，改善信息获取，鼓励使用开源软件和开放发展。新的世界银行直播平台——使世界各地的互联网用户能够参与在线讨论——是目前与国际货币基金组织一起举行的会议的重要组成部分。

正如你所看到的，社会各个层面以及世界上所有国家，都有切实可行的方法向我们开放。这些方法让2015年的国际承诺不再只是虔诚的誓言，让团结的力量战胜分离的力量。

这些论坛和场地是关键场所，但它们还远不是完美的。要提高它们的合法性和有效性，我们还有许多工作要做。但是，它们是我们避免世界因金融而沉没的地方，是我们承认需要重新控制系统的地方，也是我们开始行动的地方，尽管行动的速度和效率还不如人们所希望的那样快。同时，它们也是人们围绕共同利益建立共识的地方。但在2017年，一些问题再度浮出水面，有时甚至会以一种残酷而直接的方式出现。因此，它们也是我们看见自身所面对的十字路口的地方。

我们现在的责任是让每个人都参与进来：国家和国际领导人必须以身作则，动员起来，同时从他们所领导和参与的最好的机构中获益；公司、投资者、国际组织、协会和公民必须使用目前（每天都有越来越多的）可用的各种工具和网络来帮助这场“无声革命”成长，它将改变世界。我们都是全球治理的关键参与者，如果我们都有意识地同意行动，我们将学会理解彼此。监管工具、财政激励以及对利益相关者施加压力的手段——所有的难题都在那里。不要把它们扔掉，这些难题会创造我们的未来。

我们的未来始于我们为地球的可持续发展提供资金的能力，这也是今天的共同利益的核心，这些内容将在第四部分讨论。

第四部分

金融为人类的共同利益及全球的可持续发展服务

第四部分 金融为人类的共同利益及全球的可持续发展服务

第四部分讨论了可持续发展的资金支持问题。在某种程度上，资金支持可以被看作公共利益的代表。当我们认同共享目标时，实现这些目标的途径可能是不确定的，但金融肯定是帮助我们实现这些目标的最有效机制之一。

我们设定的目标（对我们的世界来说是如此迫切的需求），如可持续发展目标，要求我们重新审视金融的基本问题。我们必须携手建立新的运作和工作方式——一种全新的方式需要公共部门、私营部门和公民社会的联合行动。这种方式需要通过利用透明和诚实的沟通来建立一种真正的新型伙伴关系，以避开怀疑的陷阱。如果我们能做到这一点，那么我们将能够很好地建立起关键的基石，这将有助于把我们共同工作的主要原则结合起来，并最大限度地利用金融的力量。我们的选择就在自己的手中，我列举了一些具体的例子，以说明我们现在如何行动才是实现我们所希望的真正目标的最好方式。

第十三章讨论了多边开发银行的具体作用，并回顾了我过去几年引导的一些创新。这表明，真正的改变是可能的，我提供了具体的例子，说明如何做这些事情。第十四章讨论了现有的金融模式在当今世界的局限性，以及我们需要如何调整该模式和我们的工具来资助可持续发展。第十五章强调了公共部门、私营部门之间合作的重要性及其面临的挑战，还讨论了几个已经取得进展的实例。最后，在第十六章中，我将所有这些内容放在一起，以说明我们如何将所有这些原则付诸行动，并以医疗、教育和难民危机为例。我认为，只要我们重新确立对金融的控制，并联合起所有的力量，人类的共同利益就能获得金融的有效服务。

第十三章　可以将多边开发银行作为实验室吗

多边体系是一种特殊的环境，它为开发和测试新思想提供了最好的实验室之一。多边体系不同的资本来源、使用方式和回报要求（从资助金或补助贷款的百分之零到市场回报水平），以及它从所有类型的股东（捐赠者、用户、投资者和公民社会组织）身上接受投资的能力和机制使这个体系处于一个独特的位置。

近年来，我在世界银行进行的试验更加坚定了我的信念：金融创新可以被用于有益的领域。多边开发银行是一种制度证明，受控制的金融有助于为发展问题带来可持续的解决办法。它们能够引入的创新可以创造出可见的、进步的变革，让我们用它们来做出改变，并改变世界！

释放数十亿美元

我在世界银行引入的第一种突破性的方法，即IDA+（IDA是国际开发协会），是通过优化和重组世界银行自有资金来提高放贷能力，并考虑机构资本结构的一种新方法。创建于1960年的IDA是世界银行[1]的优惠融资机构。[2]该机构每3年将从捐助国筹集的资金用于向受援国分配赠款和优惠贷款。相应的贷款会及时偿还给IDA，因此不可能作为红利返还给最初的捐助者。IDA在其账户中持有大量现金或贷款形式的资产，而其本身不存在债务。从技术上讲，这些资产可以被视为其自身权益的构成。这些资产在2016年的规模超过1 500亿美元。[3]这些资产可以用来支持借贷活动，从而通过杠杆作用创造出一种重要的补充融资能力或者为额外贷款提供担保。换句话说，IDA可以显著增加其实力来造福穷人。IDA+遵循同样的理念，即更好地利用多边开发银行的资本基础，并受益于其资产负债表结构。这是一种展示独特银行模式并为客户和股东提供机会的方式。根据不同的情况，每年可以创造超过100亿美元的资金。这个金额最终在2016年12月商定，在我离开后的2017年有所增加。250亿美元将以新确认的股本为抵押贷出，并将以极具吸引力的利率向有需要的国家提供贷款，而美国等捐助方和股东的额外成本为零。

保险：一项显而易见却仍未得到充分利用的工具

第二个创新的金融方法是使用保险来预防自然灾害和流行病。当我来到世界银行时，我看到保险在开发性金融中并没有得到充分利用，尽管它是一种适合管理各种冲击并限制其长期影响的工具。尼泊尔的地震、西非的埃博拉疫情、瓦努阿图的热带风暴，甚至新兴经济体和发展中经济体面临的经济冲击，都严重阻碍了在这些区域开展的融合方面的努力。然而，发展中经济体的参与者很少使用这种金融产品。原因有很多，也可能很简单——就像糟糕的个人经历导致人们对保险公司缺乏信心一样简单，他们相信保险公司总能找到一种减轻责任的方法。通常情况下，受益人和某些捐助者都认为，一旦支付了保险费，如果保险事件没有发生，就等同于赔钱，没有任何明显的实质性影响。最后，保险的定价问题非常复杂，因为所探索的大多数领域都是新的，而且保险模型本身还不稳定（更不用担心有人会从私人投保者那里获得额外利润了）。

事实上，在事故发生前，保险费用似乎总是更高。当我去世界银行工作之前为自己的想法辩护时，我当然考虑到了所有这些反对意见，但我也相信示范的力量：就像任何创新一样，我们必须先尝试，然后才能评估和改进它。

太平洋地区采用这种以保险为基础的方法和以资本市场为基础的方法的试验取得了成功。我们的巨灾风险保险试点项目来自这样一个事实：太平洋岛屿面临着各种极端风险（热带风暴、地震和海啸），在过去的60年里，这些风险已经影响了近1 000万人。然而，考虑到太平洋的大小，相关风险并不像我们想象得那么大。多样化使得太平洋地区有多种选择，这就是为什么该地区对以保险为基础的解决方案持开放态度。日本是最大的捐助国之一，只要世界银行把自己定位为天然的中间人，保险公司就希望参与进来。换句话说，我们可以在这个领域更好地展现我们的创造力。

另外，2014年6月，世界银行首次发行了与16个加勒比国家地震和热带气旋风险相关的巨灾债券。这些债券使我们能够将自然灾害的风险转移给投资者，并避免发行人在重大事件发生时必须偿还债券资本。世界银行特别制订了多项巨灾计划，该计划还通过加勒比巨灾风险保险基金提供了再保险的可能性，法国和其他国家直接向该基金提供了再保险。此外，多年来，或有信用额度（巨灾延期提取期权）允许向遭受自然灾害的国家紧急提供即时流动性。这就是为什么热带风暴在2014年袭击汤加群岛和2015年袭击瓦努阿图群岛后，这两个地区可以在短短几周内得到帮助。

埃博拉病毒和流行病的案例

我对埃博拉病毒的看法也是一样的，尽管埃博拉病毒不同于自然灾害，但我们很难准确地确定它在什么时候会爆发、什么时候会彻底根除。同时，人们所感受到的损害自然是不同的，而且会随着时间的推移而扩散。但我们知道，埃博拉危机对几内亚、利比里亚和塞拉利昂的经济和发展产生了毁灭性的影响。2015年4月，世界银行估计这些国家的GDP损失总额为22亿美元。下一次流行病爆发的经济和人力成本可能会更高。[4]我们可能很难想象现在如何为一个国家对抗埃博拉病毒提供保险，就像利比里亚对抗埃博拉病毒一样。我们同样无法保证在发生流行病时，我们有财力迅速遏制这一问题，并组织起一道防线，防止流行病向大流行病蔓延。大流行病将更加致命，代价也更高。考虑到这一点，世界银行启动了与世界卫生组织（World Health Organization，简称WHO）和其他一些合作伙伴展开的头脑风暴，特别是和私营部门的合作，以完善全球机制。由于每年有数百万美元的保费和现金可用，我们将在真正需要的情况下释放数亿美元。该倡议已进入快速轨道，第一个机制于2017年6月启动。参与方为释放机制创建了参数，使用公开的可追踪的捐款来设置保险支付。拟议的覆盖重点是世界卫生组织确定的最有可能导致重大流行病的传染病。2016年，主持G7会议的日本成为第一个承诺出资5 000万美元以开始新计划的国家。这种想法可能成为一种可行的模式，保险公司正在考虑采用该模式，仅仅是这样一个事实就已经证明我们向前迈出了重要的一步！

在全球层面分担风险

第三种创新的金融方法也与风险管理有关：暴露交易协议（EEA）

依赖于多样化的原则。这样做的目的是让多边开发银行能够管理它们的集中风险，从而通过与其他多边开发银行交换这种风险来限制评级风险的影响。系统的总体风险没有改变，但在机构中更好地进行了分散，[5]这样就可以释放他们需要的资金，以弥补特定国家和地区的集中风险。世界银行首先在国际复兴开发银行（IBRD）和多边投资担保机构（MIGA）内部测试了这一解决方案，为巴西和巴拿马的补充投资预留了资源。2015年12月，非洲开发银行、美洲开发银行和国际开发银行签署了新的协议：我们只用了3家机构的股东微不足道的财务成本，就创造了200亿美元的融资能力。为实现可持续发展目标准备的资源立即就绪！

开发银行：工具箱中的一个关键工具

这些不同的创新说明了正确使用金融工具蕴含着巨大潜力：它们可以创造财政能力，更好地服务于需要它们的国家和人民，并协助进行更有效的风险管理。这些只是多边开发银行能够提供的众多金融解决方案的一小部分例子。我并不是在过度简化或很幼稚地陈述，这些机构从探索、测试和改造这些领域中获益颇多。我特别考虑的是各种类型的担保、共同融资、损失分担机制等最古老的领域。公共财政有如此多的方法，在其中扮演着重要的角色。我们越是将公共资金和私人资金在其自身的环境或舒适区、在清晰和透明的规则框架内聚集在一起，我们就越能加强它们，并取得重大而显著的成果。开发银行还可以与私营部门合作，以建立有效的工具。开发银行可以带来卓越的信用评级，这是一种日益稀缺和宝贵的资产，还可以带来智力资本和声誉。开发银行可以冒险，而其他缺乏这种优势的机构却做不到。如果它们认为自己是一个系统，而不是一个能够共享工具、协调方法和分散风险的机构，那么它们可以做得更好。它们至少要试一试！如果结果可能失败，我们就必须认识到它并快速地分析它。多边开发银行可以而且必须代表我们所有人扮演金融实验室的角色。

从更广泛的意义上来说，我们应该鼓励所有针对2015年《联合国气候变化框架公约》和可持续发展目标的个人倡议和集体倡议。通过从各个角度对社会负责任的金融进行多元化的创新，国际体系将建立起最好的新基础。一旦我们为共同的利益而努力，我们的想象力就不会受到限制。全世界的金融创新者都应当团结起来！在过去的几年里，不同的参与者前所未有地聚集在一起，这种对时间和精力的特殊承诺与投资必须得到保护及培养。正如前面所讨论的，世界各地正在出现的民族主义倾向有可能破坏不稳定的全球友好协定，确保我们共同努力将使我们所有人受益。无论是气候、贸易还是监管方面的承诺，撤回承诺都可能危及全球合作和增长。这些互惠互利的制度和框架并不完美，然而，它们代表了我们今天最好的机会，让最重要的参与者都坐到谈判桌前，包括代表少数的人的声音。这种方式是特别的，并且值得我们保护。

第十四章 收缩或拓展开发性金融的边界

很快，全球所有机构投资者将一起管理100万亿美元的资金，所以你应当知道，不是所有机构投资者都能投资于收益率为负的主权债务。我们必须要有为可持续发展提供资金的解决办法，这些解决办法不仅仅是官方发展援助或公共机构的行动。相反，我们必须走出老路：我们要调动一切可用的力量，让最多样化的参与者相互接触，并将金融体系（其工具和机构）作为催化剂。多边开发银行，包括法国开发署（French Development Agency，简称AFD）或美国国际开发署（USAID）等双边机构，只要知道如何重塑自我，就可以在这里发挥历史性作用。现在，大量的慈善团体成为补充这些机构的力量，并且和官僚机构相比，它们当中的大部分都行动得更快，更具有目标导向性。这些慈善团体发挥着宝贵的作用，它们是多边开发银行和双边机构强有力的但理应对其失去耐心的盟友。[1]

开发银行模式：仍然有效吗

在GDP超过75万亿美元的全球经济中，在考虑机构投资者将很快管理100万亿美元资金的情况下，数十亿美元的资本能够带来改变吗?

关于开发银行范式模型相关性的问题是一个反复出现的问题。毫无疑问，这一模式从来没有被明确地提出过。我所说的“相关性”是指，它是独一无二的（没有人能提供它所提供的东西）、有用的（它真的在发挥作用），并且具有很好的适应性（它的行为是恰当的）。在我加入世界银行之前，这个问题已经被问过。[2]现在，在我离开世界银行近两年后，我仍然听到有人提起这个问题。这个想法让我在2015年一直处于忙碌之中，忙碌的原因就是第四章中讨论的分别在亚的斯亚贝巴、纽约和巴黎召开的旨在重新定义开发性融资的框架和条款的三次会议。

有些人可能仍然倾向于忽视这个相关性问题，指出70年的持续扩张在一个已经发生了深刻变化的世界里和一个足够高的水平上证明了这个模型的有效性。我们还可以辩称，最近成立的新开发银行（也称为金砖国家开发银行）和中国主导的亚洲基础设施投资银行（AIIB）也证实了这一工具仍是正确的，因为新来者似乎只是在复制它，只是做了一些调整。该模型的相关性不时受到质疑，它是否具有相关性仍然有待确定，仍然需要不断适应世界的变化。

过时是一种风险。20世纪90年代末，在千年发展目标通过之前我们对这一模式进行了最后一次重大调整，鉴于自此以来所发生的许多变化，这种风险在今天更加明显。正如我们已经详细探讨过的那样，在新世纪的第一个10年中，世界经历了多次冲击，而这些冲击本应影响开发银行的模式。

新兴经济体取得的巨大进步导致世界经济格局发生了变化，这引发了一些金融和治理问题。这些经济体的需求发生了变化，因为它们的预期变得更加成熟，对资金的需求也有所增加。全球经济增长放缓也表明，这些经济体之间的相互依存日益加深，产生了溢出效应和回流效应。[3]这些新现象要求在全球范围内建立一个安全的金融网络，并进行更广泛的风险分担，包括调整开发银行的运营方式。

调整更加必要，因为南南合作是并行发展的。20世纪90年代，仅世界银行就承诺提供所有多边发展融资的一半，如今这种情况已不复存在：2014年，亚投行和新开发银行的成立清晰地标志着竞争格局的变化。这是一个积极的变化，因为竞争总体上是有利的，它可以加强多边合作方式，可以帮助解决我们无法单独解决的问题。在一个需要数万亿美元的世界里，它每年新增100亿美元甚至200亿美元的产能，为每个个体提供了充足的空间。我们需要建立新的区域和多边基金贷款机构，因而，没有必要对此表示不满。

私营部门银行的监管变化以及多边开发银行加大力度的必要性

对于那些积极参与发展的人来说，另一个结构性的剧变是在全球金融危机之后，银行在经济融资方面的传统角色发生了转变。由于监管的变化和市场的预期，从长期来看，对于一家商业银行来说，为复杂、有风险且有异地特殊性的项目提供融资（换句话说，就是远离国内市场及其自然栖息地）的成本越来越高，其吸引力也越来越低。这一点在基础设施领域尤为明显，而在健康和教育领域也同样如此。金融行动的能力现在更多地掌握在机构投资者手中。然而，尽管这些参与者可能在为经济融资方面扮演着核心角色，但他们仍然无法完全投资于新兴和发展中经济体。我们必须认识到，机构的运作并不是像银行那样，它们的利润率较低。[4]它们在不同的国家没有分支机构或雇员，而且在很大程度上，它们并不真正了解这些经济体。此外，它们还有自己的监管限制（最广为人知的是约束保险公司的欧洲《偿付能力II》)。在这种情况下，多边开发银行显然可以扮演一个角色，即在确定的巨大需求和众多寻找收益及标的的投资者之间充当中介，以确保资金被注入有吸引力的项目中，这些项目肯定会在适当的框架下创造就业并实现盈利。多边开发银行需要参与到这个游戏中，从而真正成为私募基金的催化剂，让它们放心地参与进来。

由于私营部门现在被认为是发展的关键，这一角色的作用更加明显。正如我们所看到的，这可能是自2000年及采用千年发展目标以来最大、最不可见的变化。与此同时，尽管公共发展援助资金几乎翻了一番，但相对于其他融资来源，公共发展援助资金已经出现了下降的情况，如外国直接投资、资金转移以及更一般形式的私人投资的北南流动。这些私人资金不是肮脏融资的来源，它们是不可或缺的，也是受欢迎的。请记住，在过去的两个世纪里，市场为工业化国家生产的基础设施提供了大量资金，无论运营商是公共的还是私营的，这都是令人满意的。

让我们不要剥夺这些资源中的任何一项。19世纪使用的国内公共资源和储蓄一道，为工业革命提供装备，是经济融资的核心，而今天，其增加必须伴以更高、更均衡的税收。[5]但是，从全球化向地球提供的大量私人储蓄中尽可能有效地获取财富，难道不是同样重要吗？我们是否可以不利用公共转移来创造杠杆效应呢？在“从数十亿到数万亿”的新议程中，在需要为我们这个星球的可持续发展提供资金的世界里，可持续发展目标和第21次缔约方会议目标要求我们从全球所有的融资来源和融资能力中挖掘潜力。[6]然而，这些资源必须受到指引，这样它们才能被投入到有意义的项目中去，为实现包容性增长和共享繁荣而努力，造福最贫穷的人。这就是需要通过使用可以分发的所有类型的工具来发挥有效的“中介作用”的地方，尤其是关键工具——担保承诺。[7]这些工具是不同种类的（包括信贷、外汇和政治风险），并且是减少风险和为社会目标调动资源的最强大的引擎之一。

影响多边开发银行模式的最新变化是考虑到全球共同关注的新问题，如气候问题，与移民和流行病相关的脆弱性问题，甚至男女平等问题。这些问题围绕着全球公共产品展开，甚至将超越传统的全球公共产品。损失正在以惊人的速度增加，它们被归因于自然灾害与人类对气候的影响，正如我们所看到的，在新产品（如绿色债券）和新方法（在项目类型、评级甚至风险管理方面）下，气候融资本身已经成为一个主题。脆弱性也是一个需要范式转变的例子：它需要为高风险项目去动员资本，同时也需要开发新的金融工具来减少这些风险。

在决定是否需要在融资政策中考虑性别、多样性和少数民族等问题时，我们必须首先承认，人类在这方面的思维转变太慢。当世界银行这样的机构不得不与乌干达（该国在人权的某些方面目光狭隘）合作时，它是否应该为对乌干达的援助设定条件呢？它是否应该这样做而避免重复过去的错误？这些错误与过去的某些附加条件相关。15年前，还没有人真正解决过这个问题，现在正是时候。

在过去的15年里，一种通过性别棱镜来看待金融的方法慢慢地传播开来，这种方法基于这样一种观点，即金融可以帮助提升女性在社会中的地位。这是一个明智的选择，尤其是在新兴和发展中国家，这些地区的女性每天都在证明自己的决心和主动性。我访问过中国河南省的两家由中国人经营同时由洛阳银行支持的中小企业，这是世界银行所推动的让女性企业家更容易获得融资的项目的组成部分，其本身也获得了国际金融公司的资金支持。其中一位企业家是一位专注于“新经济”的在线大宗商品交易平台的负责人；另一位企业家是宜家（Ikea）的供应商，她带我参观了这家瑞典家具制造商使用的带有“野蛮名称”的产品。这种对比是惊人的，但每位女性企业家都有真正的魅力和同样的创造欲望。

然而，如何处理这些全球公共产品的问题仍有待解决。多年来，人们一直想建立“全球基金”，例如教育基金、森林基金或海洋基金。这种方法有其优点，特别是从可见性、筹资和在某些情况下的结果来看，但它并没有处理所有问题之间的相互依赖关系。然而，一个更综合的金融机构应该能够以令人满意的方式解决这些问题，我们还没有找到完美的平衡。而我们确信，开发银行有能力和特殊的责任在其他人不能行动时行动。

重新启动系统，同时保留其本质

特别是那些参与发展和多边机构的人必须从这些重大变化中吸取教训，调整其运作方式。我们如何确定资产负债表的最优规模？我们应该利用何种激励措施使其最大化？我们如何确保在公共预算紧张和公众对成本效益日益敏感的背景下，资金能得到有效管理？我们如何推广新的金融工具，包括绿色融资工具、灾难性风险管理工具和对女性企业家予以支持的工具？我们如何鼓励多边机构将私营部门的合作伙伴引入到活动中来？我们如何发展这些银行动员机构投资者及其中介的能力？我们如何扩展和评估担保的关键工具？在关于修订世界银行和其他类似机构的风险类别和融资的辩论中，我们必须正视大量的问题。[8]这些问题以及如何给问题提供切实可行的答案是我在世界银行的工作的核心问题。我享受成功的喜悦，但我也感到沮丧，我带着这样的信念离开了：改变是必要的，也是可行的。这就是下面几节的内容。

充分利用可获得的宝贵公共资金

在2013年年初加入世界银行后，我很快发现，对于大多数团队来说，2009—2010年的有关资本拨款增加的争论已经结束。这场争论发生在世界银行已经做出重大努力之后——承诺投入超过440亿美元（新纪录），但尚未恢复到每年大约150亿美元的承诺，它似乎满足于当前的情况。2013年年底，重建IDA的资源依赖于主要捐助者（尤其是欧洲捐助者）的预算资源，尽管该机构的目标是到2030年消除贫困。世界银行的总体承诺能力估计为每年500亿美元，人们普遍认为要做更多的事情是不可能的了。[9]重新思考这一层次的想法并没有被认为是一种选择。从财务的角度来看，首要任务是确保世界银行充分利用现有资源。

就我而言，我是带着一些简单的想法来到世界银行的。我的主要信念是：世界银行不是一个全球性的发展机构，至少它不只是这样！世界银行也是一家银行，而这恰恰是这家机构与其他从事同一领域工作的机构之间的区别。银行意味着什么呢？首先，它有自己的资产负债表，因此有能力设想自己的未来并利用时间的因素。其次，它有能力承担风险、衡量风险并选择管理风险的最佳方式，它可以进入所有类型的市场及其相关基础设施（从评级到互换协议和再保险合同）。世界银行能够形成和构建伙伴关系，它不依赖于每年确定的预算支持，也不依赖于赚取利润并保持利润以建立和发展其资本的能力。如果你想要从事这个领域的工作，在“世界银行”任职是不可思议的。

这些想法对世界银行的各个利益相关者来说并非一目了然。正如一位帮助我进行金融改革的人所说的那样，他对世界银行模式的一般理解是，“给我钱，这样我就可以花掉它了”。[10]对此，我的解释是，“我不知道钱是从哪里来的，我也不关心这个问题，但我关心我的想法是不是正确的，而你们的工作就是确保我的想法或我的项目得到正确的资助”。

这种想法就是，这个机构首先是一家银行，因此它提供了灵活和有趣的机会，并成为国际计划中的一项重要工具，但这个机构并没有充分认识到这一点。我相信，以银行模式运作并充分利用其所有潜力将是最有效的方式。如果需要对系统进行重组的经济和金融环境要求重新考虑迄今为止所接受的融资能力和范式，那么它们也应该保持其本质。开发银行在其他任何事情之前，都是银行，这就是它具有相关性的原因。

因此，世界银行进行的改革既是对传统方法的调整，也是为了适应新的全球环境。在我设定的4个目标中，重新确立财务上的可行性，使运作模式能够自给自足并且可持续才是根本：这是一个能力和可信度的问题。事实上，任何银行都有义务为了增长而赢利。[11]不分配利润是资本增加的基础，而资本的增加又发展了融资能力。这种良性循环的机制似乎很清晰，但人们往往忽视了这一点。相比之下，当支出超过收入且资本减少时，就会形成一个恶性循环，首先是实际支出，然后是名义支出。在银行，收入和利润必须联系在一起：政府可以将赤字作为一种选择，而银行没有这样的回旋余地。对于一家每天向公共部门和私营部门的合作伙伴解释如何管理财务状况和调整账目的机构来说，这也是一个信誉问题。当你被委托以资本或赠款的形式使用公共资源时，你就有义务表明这些资金是以可持续的方式使用的。只有在明确追加的资本将惠及所有客户而不是为压力所迫时，机构才有可能要求增加资本。管理部门有责任确保机构做好这些工作。

一个有用的、独特的和适应性强的模式

世界银行进行的改革是激进的，并被人们认为是这样的，这个机构需要这样的改革。事实上，它已经大致预期了G20提出的要求，即优化多边开发银行的资产负债表，进行长期重组和发展，而不是炫耀谁拥有

更大的资产负债表。

当我在中国厦门旅行时，我意外地想起了这些基本问题。在一次正式的宴会上，福建省（中国最繁荣的省份之一，它也向私营资本开放）副省长略带讽刺地调侃道："巴德尔先生，世界银行很好，但如果它是一家中国的银行，它或许只能排到第10位。虽然你们的银行叫'世界银行'，但它实际上并没有那么大！"

我的东道主道出了事实，但这种暗示并没有让我烦恼。当然，我回答道："确实是这样，但是不要忘记，让银行增长是很容易的，但要让它健康地增长就相对困难了。大量发放贷款是非常容易的，这导致了大量的贷款存在。然而，要确保借款人能够偿还贷款，难度就更大了。此外，资产负债表的规模并不是唯一重要的因素，与他人合作和促进合作的能力也很重要。中国也是这样的情况，特别是世界银行与中国的合作为中国开辟了发展道路……除了这些数字，真正让一切改变的正是这种无形的现实。"

是什么使世界银行在这个案例中是有用的、独特的且具有强大的适应性呢？在这个已经开始的新时代，世界银行的作用是什么？世界银行的相关性将取决于以下因素的合理组合。

- 世界银行的资本和知识。
- 世界银行具有公营或私营机构的性质，具有与各类企业建立伙伴关系的能力。
- 世界银行注重创新和实施。
- 世界银行的开放性。
- 充分利用世界银行的全球视野。

世界银行不是咨询公司或储蓄银行，它只是提供金融和咨询服务。这就是世界银行与大多数联合国机构的区别所在。其他多边开发银行也具有这一特点，只是不同的机构在金融和咨询方面的相对比例可能有所不同。因此，它有这样的假设：世界银行在尊重其评级所施加的限制的同时，会最大限度地利用其财政能力，保护其知识，并以适当、简单和有吸引力的方式使其所有客户和合作伙伴都能获得这些知识并从中获利。这些知识必须不断更新，并不断提供给系统。

世界银行包括拥有公共部门和私营部门客户的不同机构。人们常说国际金融公司是世界银行的私营部门，而国际复兴开发银行则是世界银行的公共部门，这在很大程度上是正确的。但世界银行的独特之处在于，它同时与这两类客户建立了良好的关系。大多数多边开发银行面向公共部门；欧洲复兴开发银行主要关注私营部门。拉丁美洲的美洲开发银行（Inter-American Development Bank）在股东的大力支持下，正在不断扩大其私营部门的业务，但它们的业务都不具有世界银行那样的深度和广度，也不具备将公共和私人力量联合起来的潜力。然而，这种潜力是不够的。这不仅关系到让私营部门站在一边，让公共部门站在另一边，而且关系到在必要时将这些力量结合起来。然而，尽管这种结合近年来取得了一些进展，但它却并不总是明确的。这就是为什么改革的目标之一是确保与私营参与者的合作是真实的、有效的，而不是人为的，因为他们知道，在一个充满怀疑的世界里，一个新的、大胆的方法是必要的。

世界银行凭借其核心地位和将所有参与者聚集在一起的能力（召集权力），拥有了一种特殊的能力，即通过联合政府来构建从信托基金组织到工作组的所有类型的伙伴关系。如果合作是可能的，那是因为世界银行的运营结构，但有一点可能是最重要的——因为其团队的创业精神。目前，世界银行的任务仍然是根据股东提出的优先事项更好地组织和确定所有这些力量的优先次序，特别是更好地安排银行调动第三方提供资本的能力，而不是让官僚机构消耗掉所有的资本。

在后金融危机的世界里，开发银行必须既充当融资工具又充当动员工具。它们需要直接使用自己的资本，同时也需要间接地利用它们的资源从私人投资者那里筹集资金。显然，融资是优先考虑的事情。融资提供了吸引注意力和令人尊敬的声音，这就是为什么开发世界银行的参与能力是非常重要的。但是，多边开发银行在产生杠杆作用方面也扮演着重要角色，在我看来，这是获得资本和创新产品的唯一途径。从这个意义上讲，《从数十亿到数万亿》的报告是一个强有力的声明："由于我们拥有广博的专业知识，所以多边开发银行和国际货币基金组织是整个发展群体的金融引导者。由于自身的业务模式，我们不仅授权提供急需的政策建议，也充当一种催化剂，动员并从各种来源获得资金——从传统的'发展融资'向更广泛和更全球化的'为发展融资'转变。"[12]

在很长一段时间里，大多数开发银行都调动了私人资本，因为任何投资都具有指数效应，可以吸引更多的私人投资。国际金融公司在其账户中体现得更为具体，将通过各种渠道筹集的资金用于薪酬。[13]但是，多边开发银行可以走得更远。多边开发银行有一种特殊的义务，即充当机构投资者的中间人，而机构投资者现在在经济融资中更加重要了，它们将资金引入更有趣的项目中。在过去的几十年里，它们已经证明，从新兴市场和发展中市场获得真正的收益是可能的。它们可以帮助克服风险认知的差距，当前，这种差距阻碍了一些国家的参与者进行投资。它们的优势在于成本更低，而这要归功于它们的高质量评级、它们的工具和它们的贷款减免担保，甚至还有它们的技术援助。例如，它们可以通过对当地银行的再融资来引导适当的资金。它们还可以帮助各国建立可靠的监管框架，并构建一个可能吸引不断增长的资金来源的商业环境。[14]它们仍然可以为资本市场和当地金融市场的发展做出贡献，而这些可以代表国内储蓄的机会，以及稳定和可持续的经济融资来源，通常是一个国家支持自身发展的能力的关键。

帮助别人就是帮助自己

我是期望将最后一种杠杆包含进来的坚定支持者。正如我们的水资源工作小组所言："鼓励地方储蓄以及新兴国家和发展中国家金融市场的建立有很多原因。建立地方储蓄，而不是把储蓄转到其他地方，这就鼓励了更好的就业资源平衡，降低了融资成本。"[15]多边开发银行在触发这种良性循环方面发挥着至关重要的作用。地方资本市场大部分"通常只处于萌芽状态，只处理象征性的业务，为财政部提供资金"。[16]它们可以利用自己的AAA评级来发行本币：通过吸引投资者的注意力和刺激企业，扩大当地市场的规模，并且为将来给企业和政府带来更大利益的发展奠定基础。自2011年以来，世界银行已经发行了90多亿美元的债券，这些债券以24种货币计价，其中包括首次使用的乌干达先令、泰铢和人民币。就其本身而言，国际金融公司自2002年以来已发行了14种国家货币债券。在这些国家中，国际金融公司通常是债券市场上的第一家国际发行机构。国际金融公司在卢旺达发行了债券，与非洲和亚洲的其他发展中国家以及欧洲和拉丁美洲的发展中国家进行了谈判。事实上，无论经济的发展水平如何，这个机制都提供了机会。例如，通过让卢旺达的利益相关者以卢旺达法郎购买世界银行的票据，来向他们提供保证，因为是AAA评级，这是一个高质量的票据。这使得市场在价格方面具有可见性（我们知道AAA评级的价值是多少，所以我们可以在这个基础上进行投资）和信心。另一个例子是印度，它的经济当然比乌干达更发达，但其货币不可兑换。在印度经济陷入混乱的时候，印度通过在“离岸市场”发行卢比纸币，[17]来回收本国的储蓄投资于本国国民经济。这是一个令人信服的例证，证明了金融在服务公共利益方面的作用。

然而，多边开发银行可以走得更远。已经掌握的工具是有价值的，如果它们能成倍增加并加以调整，以满足每一个国家、每一个伙伴、每一个投资者的具体需求，并应对每一个全球性挑战，它们将创造更大的价值。目标永远是建立信心。长期以来，多边开发银行一直充当着公共部门和私营部门之间的桥梁，能够围绕重要的发展问题聚集各种各样的参与者，它们有责任在这一领域树立典范。

在这个快速变化的世界里，创新是一项先决条件。我们已经看到了金融在这一领域的创新，而明智地使用这些工具可以创造财务能力，更好地为客户服务，甚至有助于更有效地管理风险。开发银行模式的这种吸引人的特性常常被忽略或忽视。为了更好地适应新的需求和期望，我在世界银行倡导的改革优先强调的就是这种创新能力，这也是AAA评级以及数千名高度熟练的员工和其动员的能力带给银行的。人们常常责备我是一个“银行家”，我完全理解这种批评。但是，我真诚地相信，一个银行家也能为改变做出贡献，也能帮助最脆弱的群体。金融已经清楚地显示出它摧毁价值的潜力：现在它仍然有时间去证明它的有用性。

除了世界银行和其他多边开发银行之外，没有任何一个机构真正有能力为国际社会发挥金融实验室的作用。要了解其潜在的力量，你所要做的就是数一数它有多少旗舰出版物（这些出版物得到了广泛的认可），或者数一数它的团队每天在世界各地组织了多少会议。即便如此，世界银行不是一个学术机构，它不可能也不应该是这样，它必须取得正确的平衡。世界银行不应该是一个简单的固定知识的仓库，它必须是金融和发展政策方面新思想的推动者，它必须能够在这一领域实现这些想法。世界银行70多年的经验是不可替代的，因为执行能力是最重要的技能，需要最长的时间才能获得。这就需要我们不断地与专业技能的冻结或僵化做斗争。

开放的能力是任何官僚机构的主要抗体，无论是公共部门还是私营部门。任何大集团都有走这条路的趋势，当客户离得太远时，它们就会开始退缩。在高绩效的机构资本不足和过度发展的时代，世界银行必须对外界保持开放，并不断倾听来自经济、数字和学术领域的变化的声音，等等。一个规模如此庞大、拥有如此多的员工的集团，它有可能与世界其他地区失去联系，并展开一场“我们”反对“他们”的游戏。这种风险可以通过确保大多数员工和世界银行的客户之间的密切联系来限制。从这个角度来看，我认为在华盛顿总部的员工数量与在该领域和客户接触的员工数量相比是不成比例的。改变不应该只在一段时间内发生，它应该是一种精神状态，它应该持续地发生。

最后，世界银行是双重全球化的，这使它具有不同于其他发展机构的真正的独特性。世界银行在全球100多个国家设有办事处；世界银行的网络是一项关键资产，世界银行可以更好地利用这一网络；世界银行也是全球性的，因为它能够参与全球决策，提供了一系列仍然鲜为人知的机会。

尽管面临诸多挑战，包括一些新当选的政府对多边主义的疑虑以及日益激烈的竞争，世界银行仍然拥有与当今世界保持相关的所有要素。但没有什么是永恒的：相关性不能被认为是理所当然的。正如上面所描述的那样，世界银行必须日复一日地证明它已经被授予了所有的成分。

布雷顿森林体系这一奇迹已经有了70多年的历史。它是脆弱的，但如果它的模式能一代又一代地适应改变，如果银行能够利用好其中一部分创始人的银行家直觉，即便对抗多边主义（这应该是适应性战略的组成部分，而不是被废除的部分）的压力越来越大，它也本可以再维持数十年。与我们通常认为的相反，金融不是机构的产物，而是机构终结贫困使命的关键。

如果有这样一个地方，在那里金融的使命就是拯救世界，那么这个地方就是世界银行以及其他的多边开发银行。如果有一个实验室，所有能够重新控制资金以服务于共同利益的方法都可以被检验，那么这个实验室就是世界银行和其他的多边开发银行。正如我们所看到的，这些并不是理所当然的。多边开发银行不能，也不应该独自生存和孤立地工作，它们是更广泛的体系的一部分。在公共承诺、私人利益和公民社会行动的共同作用下，我们需要鼓励这种制度的出现。

第十五章　发挥金融的黏合剂作用

实现可持续发展需要有效的治理。我们的水资源工作小组指出：

> 要理解这种联系很简单，你要记得：“可持续”不仅仅意味着“持久”，还意味着可接受、可能、可行和宜居。简而言之，可持续隐含着妥协。可持续性的内在逻辑（从可行性角度来讲）表明，只有妥协才能持久。能够让每一个参与者为了大家的共同利益而有所舍弃，并让发展变得可持续的正是这种妥协，而不是政策的正确性。[1]

让每个参与者共同受益是展开国际合作所面临的挑战，这样的国际合作涉及全世界的各个层面，我们每个人都置身其中。在这一背景下，参与者无法通过个体的单独行动来解决问题。同时，这也是重新利用金融的全部意义所在：在过去的70年中，学习（或再学习）如何合作从来没有像今天这样重要过。

然而在实践中，这种合作却没有明显的迹象。无论来自政府部门、私营部门还是民营部门，每个人都将接受一场文化革新的洗礼。在这个过程中，我们必须抛弃孤岛思维，这值得我们去努力。金融这项工具可以帮助我们。它可以为帮助不同的成员接受集体行动的方式占领先机，而这种方式能够在同一时间和很大程度上兼顾个体的目标。

没有100%的政府资金或100%的私人资金

可持续发展目标、开发性金融和气候金融在2015年的发展趋势揭示了这样的事实，即全球社会已经意识到，人类需要就最复杂和最基本的项目展开合作。这一发展势头受到来自社会各界的参与者的资金支持，包括政府、民间团体、金融机构、跨国公司、中小企业、消费者、储蓄者和多边机构，而其中最重要的事实是，联合各方面的力量是可以实现的。

虽然我们为2030年的目标制订了不错的计划，但我们需要在行动的执行阶段保持当前的发展势头。我们当前的状况没有任何保证，尤其是在民粹主义和民族主义抬头的情况下。但有一点是确定的：无论是贫困、教育、健康、基础设施建设还是气候，任何一项可持续发展目标都不可能通过100%的政府资金或100%的私人资金的支持来实现，也没有一个问题仅仅依靠政府、私营或民营部门的单独行动就能够解决。为了朝着包容性增长的目标前进，就要让毛里塔尼亚（Mauritania）这样的国家从“钢铁诅咒”（对单一的资源过度依赖）中解放出来，并通过开发其他资源来实现经济多元化，如开发渔业资源。但这样的行动需要处于同一进程中的所有参与者共同努力。这是一个从全球到局部的，涉及全世界各个层面的多阶段过程。

政府的首要责任

在这项行动中，政府肩负着主要责任。《从数十亿到数万亿》的报告指出："各国政府应当掌控全局，引导国家的发展，培育国家的建设，并创造有利的发展环境。"要让各国的发展都在可靠的轨道上运行，国家领导力以及各地区、各大洲和全球的领导力是关键。

科特迪瓦就是有效领导力的一个例子，这个国家正在开展复兴运动。这是现代非洲史上最有趣的故事之一。在经历了20世纪60年代和70年代费利克斯·乌弗埃-博瓦尼（Félix Houphouët-Boigny）总统（"可可王"）领导下的"科特迪瓦奇迹"之后，这个国家陷入了长期而痛苦的内战，前几十年所取得的成绩几乎消耗殆尽。但是，2011年，阿拉萨纳·瓦塔拉（Alassane Ouattara）当选科特迪瓦总统并在2015年取得连任，他为这个国家带来了新的希望。瓦塔拉总统与科特迪瓦副总统、前总理达尼埃尔·卡布兰·敦坎（Daniel Kablan Duncan）是最令人欢欣鼓舞的领导人组合之一。这对搭档有能力基于长远的视野考虑国家未来的政策（这样的视野使得科特迪瓦在短短10年内就成为新兴经济体），同时对国际机制和自身的实际情况也有详细的了解。这种完善、清晰而自信的领导力，同时也是高要求、专注、有抱负而谦逊的，它保持着和世界其他部分的联系，为国家的重建做出了巨大贡献。无论是民族和解的政治计划（尽管这一过程还尚未实施）、涉及国内安全的军队改革、人权、反腐斗争还是关于咖啡—可可子公司改革以及基础设施重建的经济计划，都卓有成效：科特迪瓦5年来的经济增长率都接近9%。我每次去阿比让，都被科特迪瓦首都发生的变化震撼。虽然所有的计划似乎都尚未完成，并且还存在很多悬而未决的经济和政治问题，但这个过程无疑是引人瞩目的。

另一个例子是哥伦比亚，这个国家的兴起也得益于其领导团队［杰出的财政部部长毛里西奥·卡德纳斯·圣玛利亚（Mauricio Cárdenas Santamaría）和环保活动家桑德拉·巴萨多（Sandra Bessudo），两位都是我十分要好的朋友］。尽管我的法国偏见把这个国家和哥伦比亚革命武装力量联系起来——他们绑架了英格丽德·贝丹考（Íngrid Betancourt）并且贩毒，但哥伦比亚是我有幸接触的最先进的国家之一。诺贝尔奖授予其总统胡安·曼努埃尔·桑托斯（Juan Manuel Santos）也并不令人惊讶。目前，在实现可持续发展目标方面，哥伦比亚拥有的计划是最全面的计划之一。

政府无法独立完成任务

然而，我们不能期望政府独自完成所有的任务。我们不能让已经负债累累的政府承担建设实体基础设施、社会公共基础设施甚至金融基础设施的全部责任。未来全世界的可持续发展需要动用私人资本，无论是地方储蓄、各种类型的投资、转移支付还是利用这些资本以健康的、可持续的方式来撬动补充资金。

同时，我们也不能期望市场来完成一切。正如水资源工作小组所指出的：

（市场的）风险，由对营利性的特殊考虑所引导，它忽略了人类需求最核心的实质。有大量领域是市场无法触及的，而就是在这些领域……我们需要寻求最好的资源并从中提取预算。对此，发达经济体已承诺将其作为政府发展援助和有力的合作工具，而这些内容早在50年前就已经出现在全球计划中，欧洲也在近期将其纳入计划中……也就是说，我们不能将对政府资金的使用限定为补充私营部门不敢涉足领域的一种权宜之计。对它们而言，更好的方式是尽可能灵活地创造出有力的杠杆作为潜在催化剂：100单位的私人资金加50单位的公共资金能够为受益人创造出远远大于150单位的资金。[2]

但重要的是，政府部门的努力“不仅没有让其他参与者放弃或者减少其所做的贡献，还让他们贡献得更多（作为催化剂）。因此，如果对某些项目进行全额资助或补贴，就会存在压制地方积极性的风险，而这一类援助的重要性就在于，它们是用来支持地方的资金而不是用来取代地方的资金”。[3]

简而言之，实现可持续发展目标和第21届联合国气候变化大会目标需要利用全世界可利用的金融资源的潜能，并引导所有类型的参与者开展合作。

痛苦但有利：一种调动资金的新方式

不言而喻，整个行动说起来容易做起来难。让拥有不同利益和文化的参与者合作非常困难，而“要联合利用政府发展援助基金和私人资金存在无形的阻碍，（消除）这些阻碍也十分困难。人们对这种方式也一直存在一种担忧，担心引入营利性会污染了政府部门原本纯洁而完美的行动”。[4]然而，和这种偏见一样滑稽的是，这种方式如此顽强而不容忽视。在这个私营部门、政府部门和民间团体构成的三角形中，私营部门质疑政府部门是行动缓慢的、官僚的、不可靠的和腐败的，而民间团体则可能质疑另外两方，对比之下，这些看法是可以忽略的。但是，当前的信心危机加剧了这种相互作用的和源于历史原因的不信任。

我们如果想要忘记这种不信任，就必须迎难而上，并承认文化适应是必要的。这些利益冲突是真实存在的——政府部门和民间团体的使命及目标与私营部门的使命及目标是不同的。我们必须找到具体的解决方案来协商各方的利益，如碳价格。我们也不得不承认，三角形中的任何一方都不是真理的守护者，也不会为了站在他人的角度以更好地理解别人的期望而持续做出努力。我们也不应当相信，只有发展中国家才会制造问题，尽管它们当中的很多国家都是腐败的。看看你的周围：你认为世界上最“值得尊敬的”国家有哪些？通常来讲，答案是挪威、瑞士或新加坡。然而，在天然气运输项目上，挪威最近出现违反PPP的情况（例如，政府在执行过程中修改了关税）。相比之下，塞内加尔成功地与世界银行合作，利用PPP完成了达喀尔与机场之间的道路工程，这种方式被普遍认为是PPP的典范并正在被推广。全世界对于PPP在北方的成功案例和在南方的失败案例并没有分歧，但现实却更加复杂。现在，我们都需要记住，此时此刻，美国正在考虑用PPP来修复基础设施。对于这些具有较强政治性和敏感性的项目，妥协决定一切：政府-私营部门的合作可能是苛刻的和劳动密集型的。简而言之，这种合作可能是非常痛苦的。

但是，这样的合作存在众多问题并不能成为无所作为的理由，就像我经常听到的一句话，“任何事情都不能被认为是无关紧要的”。我们也不应该创造一份关于PPP的华盛顿共识，并把它应用到每一种情形中，因为它常常是不适合的。PPP不应当成为另一种解决所有问题的灵丹妙药。但是，我们必须能够意识到，合作能够推动发展。合作或许是痛苦的，但它将是有利的！

这些项目要求我们寻找正确的监管、合适的工具以及合理的位置来解决冲突。合作的能力应当从合作论坛中获取（政府部门、私营部门和民间团体共同参与来讨论如何更好地合作）。最重要的是，合作的双方都应当学习使用多边方式，我称它为“P_4C”（痛苦但有利的PPP），因为它是未来发展最具前景的路径。让我感到欣慰的是，在世界银行提供的2015年度数据中，第一个关于PPP项目的大规模公开在线课程（慕课，免费的网络教学课程）的注册人数达到了创纪录的水平（来自100多个国家的约30 000名用户）。[5]

关于方式的问题

近几十年来，普通人与精英之间的差距、民间团体与政府之间的差距、个人与机构之间的差距在不断扩大。它们又被称为大卫（David）与歌利亚（Goliath）之间的差距，尤其是在金融危机和告密者揭发事件发生之后，这种差距进一步扩大。

但是，我们只要从文明的独裁统治中解脱出来，就可以修补一些东西。在那种独裁统治下，我们相信幸运的人，蔑视普通的人，并分而治之。在与水资源工作小组共事以及讨论如何开展国际金融创新来巩固团结的经历中，我学到了这样的道理：即使是差异最大的人之间也可以展开对话，最为分裂的利益也可以妥协，而最复杂的问题也可以得到解决。而实现的必要条件包括：（1）挑战足够巨大或者足以激发我们的智慧和善意；（2）每个人都真诚地坐下来讨论；（3）各方分别阐明、确认和解释差异所在和各自的预期；（4）时间进度可以调整和协商。

水资源工作小组20位专家的破冰

我已经描述过，在经历了15个月的讨论之后，我们的水资源工作小组提出了超过80项措施来为所有人的水资源获取提供支持：最初立场完全相反的参与各方（第一次会议的气氛不只是冷——而是冰凉）最终都达成了对核心问题的一致见解。感谢米歇尔·康德苏这位天才的奉献，他让我们最终实现这一结果并知道了如何在承诺、解释、诚实、一致性、相互尊重、好奇心、创造性、善意和诚意的基础上实现谈判。

最初无人欣赏的征税获得了一致支持

接受《兰多报告》是一次测试该方法应用的尝试。在法国埃维昂召开G8峰会的前夕，时任法国总统的希拉克的声望达到了顶峰（尤其因为他反对伊拉克战争），他希望能借此机会鼓舞领袖、工会和民间团体。而2003年4月30日成了民间团体的转折点，当天所有主要的法国和国际非政府组织都前往爱丽舍宫，这些组织包括国际特赦组织（Amnesty International）、绿色和平组织（Greenpeace）、金融交易税收与公民援助协会、无国界医生组织（Doctors without Borders），等等。会议是在一天快结束之时举行的，人们本以为它在漫长的周末之前召开，因而不会持续到深夜。会议的气氛很好，同时充满希望和自豪。这正是多米尼克·德维尔潘（Dominique de Villepin）在联合国发表演讲的两个半月之后。[6]每个非政府组织轮流到讲台上演讲，将总统的注意力吸引到他们所研究的主题上，而G8也可以帮助解决这些问题，这些问题包括水资源、生物多样性、残疾人、人权、妇女权益以及儿童权益。

来自金融交易税收与公民援助协会的代表是当天最后的发言人："总统先生，您已经意识到我们的坚定信念，我们希望您对国际金融交易征税从而为发展提供资金支持。"

雅克·希拉克回应道："你知道我在想什么吗？我不赞成征这个税……但是，你提出了一个真正的问题，即我们必须找到一种方式来为全球团结提供资金支持。我们将采取一些措施，我会让你参与进来。"

会议就要结束了，或者更像是解散了，因为很多人都在偷偷溜走，去过他们的周末（这显然比法国总统的议程更重要！）。G8首席外交顾问兼高级官员莫里斯·顾山（Maurice Gourdault-Montagne）问总统："那我们将要做些什么呢？"总统对金融交易税收与公民援助协会的承诺完全出乎意料。

“把它整理好，莫里斯，我开始思考这个提议了。”

随后，莫里斯转向负责全球化的顾问杰罗姆·博纳夫蒙特(Jérôme Bonnafont)和我，说道：“该你们上场了！”

这就是我最终建议的方式，即所有来自不同领域、拥有不同专长和利益多元化的专家坐下来谈判，以找到基本问题的合理解决方案。由让-皮埃尔·兰多带领的工作小组，其成员包括来自金融交易税收与公民援助协会、法国开发署、牛津饥荒救济委员会、国际货币基金组织、雇主团体、财政部和大公司的管理人员。[7]此前，他们并不赞成征税的提议，尤其是其中的英国人认为这是一种非常法国式的想法。随后，确定征税对象又花费了超过6个月的时间。尽管如此，这种方式最终得到了回报：兰多委员会的成员一致同意最终报告，并且所有人都参加了新闻发布会，他们表示这项税收可能会成为21世纪颇具前景的金融发明——一项针对不同国家的产品或服务征收的小税种，却能够以其庞大的数量调动大量资源为全球公共利益提供资金支持。

2005年，米歇尔·康德苏和我在编辑《警钟——法国的新增长》（Vers une nouvelle croissance pour la France）时也有过类似的经历，这是一份时任经济、金融和工业部部长的尼古拉·萨科齐委托撰写的报告。[8]他交给我们的任务是“为法国人民和他们的国家代表阐明未来为促进经济增长而做出的经济和预算选择”。我将来自学术界、非政府组织、公司和工会领域的专家召集到一起共同讨论。坦率地说，让参与者达成共识是不可能的，但参与者在聚集在一起的时间里，尝试把我们所有人的最好的一面展现出来，齐心协力并相互讨论：“我知道你的立场，那么你会如何解决这个问题呢？”最后，我们得到了明确的结果。目前，我正在和戈登·布朗进行的关于教育的讨论，以及和让·托德展开的关于道路安全的讨论，我也会以同样的方式进行。我们如何调动资源来为共同的利益提供资金支持呢?

改革世界银行：欣喜、骄傲与沮丧

世界银行在2013年和2015年所进行的改革让我可以进一步改进这一方式，从某种意义上来说，改革所遇到的阻力给了我一些教训。其中，第一条也是最重要的一条教训是，当我们想要强制做出改变时，我们必须首先制订一个计划——一个拥有确定时间表的令人信服的计划。只有具备这个条件（可信度），人们才会准备好给予信任。你永远不能失去这种群体意志，如果一项改革是通过妥协来完成的，那么支持者和反对者势均力敌。并且，一旦你没有将整体规划牢记于心，你就会面临失去自我目标的风险。这并不意味着合作是不可能实现的，但要达成合作就需要维持整体的平衡性。第二条教训是，当情况非常紧急时，最好放弃少数个别参与者无法接受的观点并且向前推进，不要反复讨论令人厌烦的事情。第三条教训是，你必须确保所有的参与者都了解改革的详细情况，确保每一方都知道对立的观点是什么。你需要努力澄清存在歧义的地方，并且不要理所当然地认为每个人都理解你。在世界银行改革的案例中，我可能高估了大家对世界银行的金融模型以及参与者对金融知识的理解。我本应该花更多的时间来解释为什么而不是怎样做——我们或许没有对这些内容进行充分的解释。有时候，健谈是一件好事！我所学到的最后一条教训是，你需要为梦想和热情留出空间，这就是创新的作用，但同时你也需要有能力迅速地展示结果。

我曾经就这一问题与两位红衣主教以及让-巴蒂斯特·德弗朗苏（Jean-Baptiste de Franssu）展开过一次既具有教育意义又令人惊奇的交谈。让-巴蒂斯特·德弗朗苏时任宗教研究所所长，该研究所通常被称为梵蒂冈银行（Vatican Bank）。我们发现各自在机构金融方面的观点有很多的相似之处。此外，对于梵蒂冈银行和世界银行，二者都经历过一段时间的改革：作为国际机构，拥有同样的复杂性，在交流和目标分享上存在同样的问题，等等。在这次谈话之前，我从来不敢去做这样的比较。

这些组织通常被误认为是不透明的秘密团体，尤其是多边开发银行。但事实是，它们在更多的时候是被官僚主义困扰，它们定期接受新的官僚主义，却从不清除陈旧的、已经失效的政策和程序。它们通常需要对系统进行冲击，并重新激活驱动它们的资源。当我们把这些因素结合起来时，我们就可能会收获惊人的结果。

第十六章　付诸实践的原则

即使开发银行在文化适应方面仍需取得长足进步，但它们在促进P_4C合作方式和帮助消除公众部门和私营部门之间的相互猜疑方面仍可以发挥重要作用。从我的角度来看，它们充当的角色必须像真正的全球性开发金融的总指挥一样。正如我以前说过的，私营部门的发展及与这些参与者的合作必须成为多边开发银行运作模式的核心。除了资金和资金动员外，它们还需要真诚的承诺。

多边开发银行的引擎作用

多边开发银行只能提供一个项目总成本的一小部分，而其余的资金来自动员补充投资者——通过银行贷款和其他融资结构的集团获得资金。[1]这种财务承诺及其结构、建议和对应的风险分布必须有助于汇集更多的资金来源，并在未开发的领域或濒临危险的环境中创造出一个能够吸引新项目和投资者的重要示范。但是，这种机制从流动性中获得的好处更多。私营部门的投资者通常告诉我，他们预计多边开发银行将提供传统风险分担工具之外的三样东西：一是为它们准备的一系列精心设计、享有优先权的项目；二是最严格的执行标准——因为投资者不愿意损害其声誉；三是在项目执行过程中管理与公共当局潜在冲突的能力。

《从数十亿到数万亿》：如何说到做到

多边开发银行已经得到了消息。在这份《从数十亿到数万亿》的报告中，多边开发银行承诺会加倍努力，通过它们的项目准备设施，“为私营部门的投资者建立一个可行的、有吸引力的项目储备”。它们还打算在以下方面展开合作：

> 以更加系统性的而非逐项进行的方式寻找动员私营部门活动和投资的方式：（1）探索有效的解决方案来管理风险，通过建立个人或共同机制来提供担保、风险保险、混合融资和其他分散风险的措施（如结构性融资）；（2）探讨在国家、区域或多边各级建立共同机制或共同投资平台的可能性，以减少投资者在项目筹备和执行方面的个体成本；（3）通过增加信贷，来允许参与者与官方实体共同分担风险。[2]

多边开发银行还可以简化和标准化自身的运营。这个系统倾向于在每个项目中重复工作，每个人都想推广自己的工具，这导致整个系统的财务和管理成本过高。尽管私营部门的投资者和其他参与者一样地参与项目，但多边开发银行却倾向于将其限制在备用或辅助资助者的角色上。它们应该从一开始就出现。开发银行必须明白，私营部门的参与者有必要为此提供便利，因为有时需要填补的缺口更多的是文化差异缺口，而非预算缺口。私营部门的参与者不能在最后一分钟才被召来，并被要求接受所有已经事先协商完毕的事情。

基础设施融资的情况

我们所讨论的适应性是建立全球基础设施基金（Global Infrastructure Facility，简称GIF）的幕后推手。这个平台致力于以下内容：

协调和整合多边开发银行、私营部门的投资者和资金支持者，以及对新兴市场和发展中经济体的基础设施投资感兴趣的国家——支持在没有单一机构能够资助的复杂项目上开展合作和集体行动。仅加入该平台的私营部门合作伙伴就管理着超过12万亿美元的资产，其目的是通过有利可图的投资实现多样化，这些投资能够反映出风险的情况。通过建立可持续发展的全球投资项目储备，满足客户的需求和投资者的需求，全球基础设施基金有可能释放出数十亿美元来促进发展中国家的基础设施建设。[3]

在发展中国家，基础设施建设面临的挑战不仅在于提供资金，还在于纠正缺乏可投资的可行项目的问题。

全球基础设施基金于2015年投入运营，初始资本为1亿美元。前3年是它的试点阶段，在此期间它将对平台的概念、活动和伙伴关系模式进行测试。在这个阶段，将支持10～12个项目的活动，这将使我们能够在不同的部门、地理区域和国家环境以及不同的项目类型中考察这种模式。与此同时，我们将改进和测试未来的灵活筹资窗口的设想，以便根据需要调动补充资源。[4]

所有的要素都集合于此：政府、多边开发银行和私营部门的投资者之间的明确合作；专注于实际的项目，并致力于实现这些项目的目标；一个试验阶段，以便以后进行调整；根据每个参与者的能力和偏好分配不同的角色。

集体动力是应对基础设施建设挑战时更值得重视的认知——在资金、预算和结构性政策似乎已经无法刺激经济增长的背景下，基础设施投资将成为经济政策的支柱，一个在短期刺激经济增长、创造稳定就业以及提高长期增长潜力的真正变革者。虽然全球基础设施基金在全球基础设施所需的数十亿美元资金需求中看起来似乎不那么突出，但它的潜力可以被放大和连接到其他相关计划中，如G20在2014年创造的全球基础设施中心，[5]筹备非洲发展新伙伴计划（New Partnership for Africa's Development）的基础设施项目的融资机制，以及自2016年起由我主持工作的可持续发展投资平台（Sustainable Development Investment Platform）。[6]全球基础设施基金的理念是强调各方在投资、调整和协调方面的选择以释放基础设施项目能力，并创建一个新的生态系统，让多边开发银行在保持中央融资角色的同时部署大规模的动员工作。

创建投资生态系统面临的挑战则远远超过了为基础设施提供资金的问题。开发银行可以协助跨国组织开发有趣的试点项目，以一种更有组织的方式创造共同价值。例如，巴西可口可乐公司的开创性项目集体计划（Coletivo）[7]，通过在其他地方复制这些项目，在发展中产生大规模效应并取得明显成果。这正是达能社区项目的精神所在，该项目是一个旨在减少贫困和营养不良的社会企业网络。[8]实际上，多边开发银行可以在这些创新型企业与社会责任股东、慈善组织和基层非政府组织之间建立关系。在我看来，“以德报德”的原则似乎很有希望大规模地部署影响力投资，并建立一个新的、全球化的金融体系，从而发挥作用。这种良性机制依赖于P_4C的理念，而我个人和专业领域的最高目标就是：在考虑投资者回报预期的同时，为积极的目的调动全球私人储蓄。最近，一家大保险公司的负责人告诉我，德国及其客户对以负利率购买德国国债不感兴趣，对全球范围内的人来说可能也是这样。但如果德国国债能在良好的条件下投资印度或秘鲁的住房、医疗或农业，“显然从各个层面上来看它都是有用的”。

我们也可以鼓励发展可持续银行网络（Sustainable Banking Network）这样的网络。该网络由国际金融公司于2012年创立：这个世界上独一无二的社区，通过促进集体学习国际最佳实践和已创建的成员国的试点项目，将金融业的监管机构和新兴市场的银行业协会成员汇集在一起来推进动可持续金融的发展。[9]

在共识可能动摇的情况下，为战胜气候变化的行动提供资金

另一个重大的全球性挑战就是为遏制气候变化的努力提供资金，其中合作至关重要，并且开发银行发挥着关键作用。人们希望多边开发银行能协助将政府资源和官方发展援助转化为更大规模的私人投资，以支持低碳的、有弹性的经济。[10]在这个方面，它们也必须共同努力，以互补的方式开展最有效的工作，如充当全球环境基金（GEF）、气候投资基金和绿色气候基金的执行代理；成为全球倡议的合作伙伴，如由我以前的同事雷切尔·凯特（Rachel Kyte）所领导的“人人享有可持续能源”等全球项目；同时，通过协调、透明和严格的方法，采取支持气候和融资的措施。世界银行也承诺，将与其他人一起，努力帮助国际社会设定碳排放税，同时不参与到任何特定的激励措施（包括碳市场、税收或标准）之中：对于每个国家（每个国家的政府或市政府）来说，最好的选择取决于当地情况。尽管如此，在《巴黎气候协定》签署之后，世

界银行启动了碳定价领导联盟，让全球的公共部门和私营部门就这一话题展开合作。另一个例子是市场准备伙伴计划（Partnership for Market Readiness），它是一个基于多个捐助方的捐赠设立的信托基金，在全世界范围内支持集体创新和试点各种碳税工具；从中国到摩洛哥，许多国家通过这个组织获得了个性化的支持。我们必须支持这些倡议，鼓励加强协调，特别是在气候变化共识面临威胁之际。

这些词的复杂性并不重要。如果它没有很清楚地表明人们对气候变化的立场，你就会觉得好笑。很自然地，这个想法不是给你一个个列出所有相关东西的清单，或者武断地强调这个或提倡那个。相反，我想强调的是，在这方面花费的精力是现实的，它不是幻想或虔诚的愿望。我们的世界正在行动。

P_4C，这是一个有目标的经济体的关键

除了基础设施和气候方面的挑战以及帮助发展中国家之外，很多其他的问题也将从伙伴关系的方式中受益。如果我们能像喷洒一种新的奇迹成分一样在全球范围内推广 P_4C，那么某些复杂的话题将会受益于构建一种痛苦但有利可图的公私合作关系的努力。

道路安全

道路安全同样强调立法（我们需要通过法律来禁止超速驾驶、酒后驾驶或开车时使用手机），执行（我们需要警察和雷达）、教育（我们必须对市民进行交通法规、最佳驾驶规范和潜在危险行为方面的教育）和基础设施建设（我们需要建设和维护良好的道路）的重要性。公共当局不能解决这个多层面问题的方方面面，它们必须从私营部门开始，让每个人都参与进来。我们知道，可口可乐在全球拥有10多万辆汽车，因

此，我们认为一家规模如此大的跨国公司在道路安全方面扮演着重要角色。这不仅仅是寻找创新资金的问题：我们只有通过一个有效的联盟才能在全球范围内解决这个问题。

全球健康

卫生保健和人道主义援助也可以从创新的金融合作中受益。全球融资基金（Global Financing Facility，简称GFF）是为了支持一项最深入我内心、最贴近每一位妇女和儿童的倡议而建立的。这项伙伴关系结合了加拿大、挪威、比尔及梅琳达·盖茨基金会以及联合国秘书长主持下的其他合作伙伴的努力。它开辟了一种金融模式，通过可持续性的视角，将国外资金来源与国内的资金来源联系起来，以实现到2030年消除产妇、新生儿、婴儿和儿童可避免的死亡问题，并改善治疗效果的目标。虽然五年投资计划仍由各国政府主导，但国际金融机构的实施使我们能够提前保证预期为一定时期内进行的转移提供资金。我们必须调动大约26亿美元的资金才能使全球融资基金向包括埃塞俄比亚、肯尼亚、刚果民主共和国和坦桑尼亚在内的63个符合条件的国家提供初始资金。这些资金将使我们能够利用公共和私人资金来开展生育、产妇、新生儿、儿童和青少年卫生项目。这是一种新的方法，因为它构建伙伴关系的形式和工具具有灵活性。

教育

在教育融资方面，我们可以遵循同样的逻辑。健康和教育的目标是制订一个计划和确定国家层面的优先事项，这些事项应当是一份考虑了所有可用的公益金融工具的完整清单，包括公共的和私营的，以识别出它们的契合之处，避免重复和竞争，并且将努力和结果连接起来。如果第一次尝试失败了，我们要准备好调整目标。教育问题不能单靠国家教育计划来解决，还必须动员各种公共部门和私营部门以及有形的和虚拟的教育渠道。例如，我们不能忽视慕课或可汗学院等现代的教学媒体资产，它们为每个人提供了获取知识的机会。与健康一样，教育是一个复杂的课题，它给予人类主要的社会回报（受过教育的、健康的人工作得更好、时间更长），但其经济效益却并不能被立即衡量。因此，我们的想法是让一些志愿者国家的政府来承诺实现雄心勃勃的目标（如普及高质量的初等教育）。作为回报，我们将要求捐助国和私营资本提供援助，为世界银行等国际组织提供资金和动员的能力，以便将这些国家计划付诸行动。这就是结果导向资金背后的全部理念：与结果挂钩的资金。通过让各方参与进来，我们可以承诺为一些国家提供高质量的教育共享资金。这就是由戈登·布朗领导的国际教育融资机构的宗旨。从国际教育融资机构成立之日起，我就开始为其提供帮助。2017年7月在汉堡举行的G20峰会提到了这一举措，我们将在2018年进行更详细的讨论。

难民问题

目前，我们正在开展工作，以为中东难民提供合作融资。如果所有的资金来源都用于满足他们的需要，像约旦和黎巴嫩这样的国家将无法获得成本最低的贷款，因为它们不属于发展中国家。我的一个设想是利用世界银行和其他多边机构的资产负债表，请求G7和海湾合作委员会（Gulf Cooperation Council）通过降低利率来“补贴”此类贷款，或者更好的办法是为直接投资提供抵押品。无论如何，提供资金意味着让一国的私营部门和公共部门以及多边机构携手合作，以应对由于缺乏合作而常常造成障碍的融资挑战。

流行病问题

P_4C方法可以发挥决定性作用的另一个例子体现在预防流行病方面。如果我们在埃博拉病毒的传播达到顶峰时运用这种逻辑，我们就可以挽救许多生命，并控制其在几内亚、利比里亚和塞拉利昂造成的可怕破坏。但我们对这场危机管理不善，导致我们浪费了时间，资金筹集得太晚。虽然建立保险机制是一项必要的反应，以便在这种流行病发生时迅速发放资金，但这本身是不够的。从根本上讲，我们需要合作的方式。例如，在埃博拉疫情发生时，我们缺乏卫生产品，而联合利华本可以很容易地贡献出香皂；我们没有卫星电话，而沃达丰（Vodafone）本可以提供这项服务；我们缺少飞机，而UPS快递（美国快递公司）和联邦快递本可以提供这项服务。我们没有这样去想，或者想到这些的时候已经太晚，我们没有及时地从在该地区已经根深蒂固、拥有必要的产品和分销网络的行动者那里寻求帮助。当需要帮助时，公共部门自然认为它们不应该求助于私营部门。这真是一种浪费！但是，如果我们不是在每次危机时重新发明工具，而是创造出一种集体的、系统的、跨部门反应的系统会怎样呢？到目前为止，我们已经有了一幅垂直的关于健康的全貌图——图上的疾病一种接着一种。埃博拉危机证明了这种观念的局限性：如果每个村庄都没有护士或社区卫生工作者，我们就无法建立起一个健康监测系统，疫情发现就会太晚。尽管如此，我们认识到，如果不讨论关于教育、交通和通信等系统的想法，我们就无法谈论健康。作为国际治理、公私合作和可持续发展全球未来理事会（Global Future Council on International Governance，Public-Private Cooperation and Sustainable Development）的联合主席，我在世界经济论坛的框架下提出了这些想法，并将继续推进这些想法。我们创建了一个分享关于共同努力的故事和教训的地点。对抗传染病的最佳防御是一个跨部门的、综合的和协作的卫生保健系统，而这个系统还有待开发。

促进分散化的合作

埃博拉病毒的案例表明，这些地区已经被各自领域的网络、倡议和行动者所堵塞，而在很多问题上的合作可能会取得成果。

水就是这样一个问题。我们的工作小组认识到，或者更确切地说重新发现，虽然水是一个全球性的问题，但它首先是一个地方性的问题。

> 水是一种地域性资源。就水而言，我们在来自某个国家之前，首先是来自某个河流流域。最重要的是，水是在当地进行管理的，与水有关的服务是当地服务。在任何一个地方，与水资源相关的责任都是地方自治的，或者村落社会把这种责任分散开了。因此，我们必须在这样的现实中采取行动，我们必须使我们的注意力更接近这种情况。我们必须明白，与其说这是一个资金问题，不如说它是一个治理的问题。[11]

如果你转变视角，改善治理，你就能找到资金来应对全部的挑战。这就假设：

> 把地方放在制度的核心，这意味着组织治理从基层开始，更贴近城市和乡村妇女的需求。从河流流域到联合国，而不是相反……从财务角度来看，这并不意味着全球资金会像喷雾一样环绕着地球喷洒，与此相关的还有严重的蒸发风险，而是要将适当的资金运用到城市、村庄和项目本身，这同样依赖于地方储蓄的动态情况，而相关的投资基金的保护措施应当考虑投资水的特定风险。[12]

因此，对于国家的、大规模的、低效的集中合作，我们还应该加上这样一条："必须在不损害后者的情况下，增加分散的合作，这种合作可以将许多最小层次的社区联系起来——城市和村庄、运动和舆论运动。"[13]只要宗教组织——无论它们是基督教、佛教、犹太教还是穆斯林——管理祈祷中心、学校、医院或手工艺建筑物，它们就能在凝聚、调解和协调方面发挥重要作用。忽视它们会让我们损失很多，更糟糕的是，这样会阻碍它们的行动。

虽然多样化、分散化的合作在经济上不那么重要，但就其本身而言，它能"通过在公民社会中建立个人的、生活的、共同富裕的相互联系而获得优势"，[14]因而这种合作方式可能更有效率。在贫困地区，居民经常感觉到被政府抛弃。这种动员当地的活跃力量的方式，以及一种独特的元素——基层的非政府组织，构成了成功且不可或缺的资金运作：一家企业来到一个地方，不管这家企业是什么类型的企业，它都带着某种业务目标在当地展开工作，但它却没有和当地民众进行讨论，这就会引发合理的恐惧并遭到当地民众的坚决反对。一个充满活力的当地非政府组织可以改变这样的情况。非政府组织在当地民众及政府和现代企业之间的中介作用是不可替代的。[15]

我的经验与复杂的水问题已经让我相信，像世界银行这样的机构——连同所有的区域开发银行和国家援助机构——以其独特的存在分布在世界的各个角落，在使用集中式合作来增加分散化合作方面有着非常突出的作用。它在100多个国家设有办事处，可以与最大的跨国公司相媲美，它与世界各地都有联系。这个网络是一项重要的资产，通过加强华盛顿总部和地方团队之间的联系，组织各办公室之间更加流畅的沟通与交流，让每个办公室都能从各自所在的国家获得有用的信息，这样，世界银行之间的连接就可以被更好地利用。

在丛林中测试的药方

世界上最偏远的地方做出反应的能力可以创造出微小的发展奇迹。举个例子，想一想近年来在太平洋东部巴布亚新几内亚的所罗门群岛所采取的行动。[16]我去过这个国家，这里到处覆盖着热带森林，最高的山峰高达6 500英尺——和飞机的航行高度一样高。即便如此，高温和乱糟糟的丛林依然非常明显，这里并不是人们通常会想要投资的地方。然而，通向所罗门群岛的通道却是世界上最富饶的捕鱼水域，特别是金枪鱼。多年来，这个渔场遭到了各种入侵者的掠夺，由于这个小岛国没有海军且缺乏控制权，这些入侵者在这种情况下得以获利。[17]

当18个太平洋国家在与澳大利亚、日本、法国和美国海军的合作下，利用卫星建立了一个水域监测系统，让他们能够管理自己的捕鱼权时，这种情况发生了变化。这一措施不仅使这些岛屿的资源得以稳定（从而也遏制了对生物多样性的威胁），还使这些岛屿能够从渔民那里获得可观的特许权使用费（数亿美元对这个小国来说是一笔不小的数目）。因为他们听取了参与各方的意见，所以他们今天收获了环境和经济的回报：这是一个双赢的共识。因此，这使他们能够创造一个更加有利可图的项目：在世界银行的帮助下，[18]所罗门群岛已经建立了一个金枪鱼加工厂，并创立了一个名为“SolTuna”的品牌，该品牌出口罐装鱼和精美的当地香料。2014年，我参观了这家工厂，它大约有1 500名工人，其中75%是女性。这家工厂认为，未来5年，它可以创造出500个新工作岗位。我发现这样的发展动态非同寻常：通过国际合作，我们能够在一个偏远地区创造出一种高于本地附加值的产品，[19]这种产品能够在世界范围内传播，甚至被授权为过度监管和要求苛刻的日本寿司市场供货。

在这个故事中，我们可以看到金融、资本主义和全球化最好的一面，以及最好的合作潜力。这个故事证实了一切皆有可能，像这样的故事需要被更有效地传播。当人们越来越多地看到这样的例子时，人们就越有可能再次信任这个系统，并看到他们自己所能带来的影响。愿全世界所有心怀善意的人都能在这个故事中找到灵感！

结论 选择在我们手中

人类正站在十字路口。我们要么听任解体的力量把自己带走，要么控制当前的局面，团结起来。我们要么让“冷漠的全球化”和盲目的金融获胜，要么驯服全球化、驯化金融，让其惠及所有人。这取决于我们大家，包括个人和集体。

我们要么让金融重新自行运转，要么重新控制这股不可思议的力量，让其为人类的共同利益服务。金融是一种工具，它可以在我们面临的选择中为人类带来改变。

显然，我们不能仅仅依靠人民及其代表的意愿——即使这是我所偏爱的。但从现实情况来看，人们现在和将来都总是会以自己的利益为导向。

尽管在过去几年全球出现了紧张的局势，但我们的个人利益却从未像现在这样紧密相连。气候、公共卫生、经济不平等、人口失衡、能源获取和大数据等重大问题已成为人们关注的焦点。地球上没有任何一个国家能够单独解决这些问题，当然我们也不能通过与邻国一道修建围墙和加强边界来解决这些问题。我们的星球从来没有如此平坦和连通，[1]

却又如此狭小和脆弱。正如英国脱欧公投所证明的那样，这种前所未有的情况会导致我们眩晕、丧失信心，并加剧我们的担忧。

然而，我在这里也看到了一个非凡的机遇。

人类从未有过如此多的金融和人力资源可供支配，也从未采取过如此多的行动。我们有那么多的智慧、精力、金钱和工具来调动它们。用米歇尔·康德苏喜欢的形象来说，人类拥有印度湿婆（Shiva）的多只手臂：他的手是市场的无形之手，以激励为基础行动；他的手握着国家的正义之手，是一种政治权力，它的存在是为了管理和指导，为长期做好准备并纠正不平等；他的手，如果愿意的话，也是团结和慈善伸出的手。让我们作为所有这些手！我们可以利用它们一起行动，聪明地行动，而不是把自己撕裂。

很多人已经丧失了对金融的信心，他们有充分的理由。金融把我们带到了毁灭的边缘，同时又保证了和平与繁荣。但是，我们不要急于摆脱它。让我们再一次证明，如果用仁慈和创造性来控制和明智地使用金融，那么金融可以成就伟大的事业。金融能让我们走得比我们想象得更远。气候金融领域已经开始进行的无声革命证明了改变心意是可能的，人类可以影响全球化，我们并非无力抵抗某种盲目的力量。一旦加以利用，金融可以成为一种取之不尽、用之不竭的可再生能源，这与我们脑海中想象的爆炸和连锁反应相去甚远。我们必须沿着这条路走下去，坚持到底。我们不能让湿婆放下手臂！

这本书是一声发自内心的呼唤，是一记警钟。

我们不能因为软弱而拒绝采取行动。更糟糕的是，宿命论认为“伟人的特权之一就是在阳台上目睹灾难”。[2]当灾难发生时，阳台倒塌了，而随之倒塌的还有那些认为这是避难所的伟人。

那些在政府内主持国际监管机构的人，担任国际投资基金的负责人，以及任何类型的领导人，都有责任做出示范。但是，我们的消费者、投资者、公民、企业家、协会成员——我们所有人也都有能力在这方面施压。我们所有人，无论我们在哪里，都手握着一块拼图。为了最后把这些拼图放在一起，我们还在等什么呢？

这是我们的世界，这是我们的资金。我们需要用来保护和培育它们的黏合剂是人类的共同利益。

我们可以创造这种被迫的团结，这种“人类状况的稳固现实”，这种“人类有义务共同合作以促进全人类健康的相互依存的关系”[3]——这是一种保证、渴望和必需的团结。鼓起勇气吧！这将意味着我们要定期出席股东大会——毕竟，我们的确选择了一种集体主义的全球化生活。但正是通过这种努力——这也将是让金融成为我们最好的盟友的努力，我们才能达成协议。毫无疑问，金融是一个糟糕的主人，但却是一个好仆人！

百老汇音乐剧《歌厅》（*Cabaret*）的歌词说：“金钱使世界运转。那叮当作响的声音……钱，钱，钱……”但愿现在的世界能让钱继续发挥作用。

如果金融几乎可以毁灭世界，那么它也可以拯救世界，只要我们重新获得控制权并保持控制权，只要我们决定联合起来，只要我们发明整合各种金融能力的新工具，只要我们接受我们之间的差异。

注释

序二　戈登·布朗（英国前首相）

1. http://www.un.org/press/en/1999/19990201.sgsm6881.html.
2. https://www.gmu.edu/centers/publicchoice/faculty%20pages/Tyler/Manila.pdf.
3. http://www.the-american-interest.com/2016/07/10/when-and-why-nationalism-beats -globalism/.
4. http://www.huffingtonpost.com/georg-kell/globalization-four-ways-t_b_11081332.html.

引言　十字路口的金融

1. H. R. McMaster，and Gary Cohn, “America First Doesn’t Mean America Alone,” *Wall Street Journal*，May 30，2017.
2. 这些创新是指国际免疫融资机制和国际药品采购机制的创立，参见第十章。
3.《新事通谕》是利奥十三世教皇（Pope Leo XIII）的通谕，被认为是教会现代社会学说的基础。当时，《新事通输》的出版令人激动。在《新事通谕》出版后，两名天主教俗人于1904年创办了法国社会基金会。法国社会基金会是一种社会监察机构，也是法国最古老的智库之一。

4. Michel Camdessus，Bertrand Badré，Ivan Chéret，Pierre-Frédéric Ténière-Buchot，*Eau*（Robert Laffont: 2004）. 本书是我对这些工作及从中学习到的东西的日常思考。

5. Michel Camdessus，*Le Sursaut. Vers une nouvelle croissance pour la France*，Report of the Minister of the Economy，Finance，and Industry（La Documentation Française，October 2004）.

6. 原始译文参见 Antoine de Saint-Exupéry，*Citadelle*（1948）。

第一章　千年首脑会议的美好希望

1. Michel Camdessus et al.，*Eau.*

2. 根据经济合作与发展组织发展援助委员会所提供的定义，“官方发展援助包括所有的财政转移支付，‘捐赠部分’至少要占总额的25%。换句话说，它意味着援助。一般来说，这些援助包括国家对国家的转移支付或双边援助。一个较小但同样重要的方面是多边官方发展援助，由世界银行、国际货币基金组织、各区域开发银行持有的优惠基金，欧盟的各种援助基金以及其他联合国机构［如联合国开发计划署、联合国儿童基金会（UNICEF）、世界卫生组织和联合国粮食及农业组织（FAO）］提供的贷款。这些多边发展机构提供的贷款接近市场利率。尽管这些贷款并不完全符合发展援助委员会对官方发展援助的定义，但这些贷款比商业银行和其他贷款人提供的贷款更具吸引力。其他具有发展援助目标的双边机构［例如美国国家开发署（USAID）、德国复兴信贷银行（KfW）、法国（开发署）、英国的疾控中心或日本的国际协力银行（JBIC）］以更加商业化的方式运作，提供股本、证券或接近市场利率的贷款，它们有很多与多边金融机构相同的特点。”原始译文参见 Camdessus et al.，*Eau*，pp.228–29。

3. United Nations，*The Millennium Development Goals Report*（United Nations，2015），http://www.un.org/millenniumgoals/2015_MDG_Report/pdf/MDG%202015%20rev%20（July%201）.pdf.
4. United Nations，“Beyond the Millennium Development Goals: The Post-2015 Sustainable Development Agenda”（UN Department of Public Information，September 2013），http://www.un.org/millenniumgoals/pdf/EN_MDG_backgrounder.pdf.
5. 2005年，国际贫困线为每天1.25美元。2015年，世界银行将这一标准调整为每天1.90美元。
6. United Nations，“Beyond the Millennium Development Goals.”
7. United Nations，*The Millennium Development Goals Report 2015*（United Nations，2015），http://www.un.org/millenniumgoals/2015_MDG_Report/pdf/MDG%202015%20rev%20(July%201).pdf.
8. United Nations，“Beyond the Millennium Development Goals.”
9. 根据经购买力平价调整后的GDP排序。“Gross Domestic Product”，World Bank，2014。
10. 同上。
11. United Nations，*The Millennium Development Goals Report 2013*（United Nations，2013），www.un.org/millenniumgoals/pdf/report-2013/mdg-report-2013-english.pdf.

12. “现在，中国每5名工人约对应1名退休人员。到2040年，这个非常理想的比率将降至1.6：1左右。” Howard W. French，“China’s Twilight Years,” *The Atlantic*，June 2016。

13. Richard Dobbs，James Manyika，and Jonathan Woetzel，*No Ordinary Disruption: The Four Global Forces Breaking All the Trends*（Public Affairs，2016）.Reviewed in Public Affairs，May 2015.

14. 洛阳是中国历史古都之一，位于黄河流域，拥有近700万居民。

15. United Nations，*The Millennium Development Goals Report 2013*.

16. 同上。

17. 数据来自世界银行。

18. 世界银行每年发布的《营商环境报告》（Doing Business Report）中都有强调关于这些政策成功或失败的发展的新数据。

19. Original translation from Michel Serres，*Petite Poucette*（Le Pommier：Collection Manifestes，2012）.

20. 同上，pp. 15–16。

21. United Nations，“Beyond the Millennium Development Goals.”

22. Salim Ismail，*Exponential Organizations: Why New Organizations Are Ten Times Better*，*Faster*，*and Cheaper Than Yours*（*and What to Do about It*）（Diversion Books，2014）.

23. Camdessus et al.，*Eau*，p. 154.

24. United Nations，*A New Global Partnership: Eradicate Poverty and Transform Economies through Sustainable Development*（United Nations，2013），https://sustainabledevelopment.un.org/content/documents/8932013-05%20-%20HLP%20Report%20-%20A%20New%20Global%20Partnership.pdf.

第二章　2007—2008年的金融危机

1. Adair Turner，*Between Debt and the Devil*：*Money*，*Credit*，*and Fixing Global Finance*（Princeton University Press，2015），p. 93.
2. 世界银行计算的生活在绝对贫困中的人口百分比。正如许多人所证明的那样，特别是阿玛蒂亚·森（Amartya Sen），贫穷不能成为货币因素。然而，贫困的下降是真实的，尽管人们在贫困的衡量上还存在争议。
3. Turner，*Between Debt and the Devil*，p.1.
4. 证券化是指将流动性较差的资产（贷款、应收账款等）转换为资本市场发行的金融证券（如债券），并将其转让给投资者的一种金融技术。
5. 即使是现在，尽管非理性繁荣的迹象有所增加，但时任美联储主席的艾伦·格林斯潘仍然被视为一位全能的指挥家。参见 Bob Woodward，*Maestro*：*Greenspan's Fed and the American Boom*（Simon & Schuster，2001）。
6. 更多关于影子银行的内容，参见第八章。
7. Turner，*Between Debt and the Devil*，p. 26.
8. 认证是指对特定市场中的某些财产进行确认，如建筑物、超级油轮或玩具。
9. 有意思的是，在2016年6月我们在彼得森国际经济研究所进行的一次讨论中，明尼阿波利斯联邦储备委员会（Federal Reserve of Minneapolis）主席尼尔·卡什卡利（Neel Kashkari）指出，美国财政部已经设想出了几种危机情景，但房地产价格的下跌是不可想象的。
10. 在国际金融中，大约1.5万亿美元的规模并不算大，但对于一个国家来说，这仍然是一个巨大的数字。

第三章　一个重要的教训：信任缺失

1. François Rabelais，*Pantagruel*（1542）："Science sans conscience n'est que ruine de l'ame"（Science without conscience is but the ruin of the soul）.
2. 参见 Charles P. Kindleberger，Manias，Panics，and Crashes：A History of Financial Crises（Wiley，2000）。
3. 参见 C. M. Reinhart and K. S. Rogoff，*This Time Is Different: Eight Centuries of Financial Folly*（Princeton University Press，2009）。
4. 在特定的高斯分布模型中。
5. Turner，*Between Debt and the Devil*，p. 2. 我们应该还记得，国际货币基金组织首席经济学家拉古拉姆·拉詹（Raghuram Rajan）提到的相关内容和他清晰的思路。拉詹在2005年曾警告人们要防范金融体系的隐性风险，而2010年他也强调"隐藏的裂缝仍然威胁着世界经济"。参见 Raghuram Rajan，*Fault Lines*：*How Hidden Fractures Still Threaten the World Economy*（Princeton University Press，2011）。
6. Turner，*Between Debt and the Devil*，p. 3.
7. 同上。
8. Bertrand Badré，"Un banquier dans la tourment，" in Michel Cool，*Pourun capitalisme au service l'homme. Parole de patrons chrétiens*（Capitalism in the service of mankind：Testimonies from Christian managers）（Albin Michel，2009），p. 112.
9. 伦敦银行同业拆借利率是指针对不同货币的一系列基准货币市场

利率。

10. 股价随后可能会跌至不到2欧元。

11. 参见 John Micklethwait and Adrian Wooldridge，*A Future Perfect：The Challenge and Hidden Promise of Globalization*（Crown Business，2000）。

12. Alain Peyrefitte，*La société de confiance：Essais sur les origines du développement*（The trust society：Essays on the origins of development）（Odile Jacob，2005）.

第四章　伟大的希望II：现在就团结起来

1. Development Committee，*From Billions to Trillions：Transforming Development Finance Post-2015 Financing for Development：Multilateral Development Finance*（2015年4月18日，非洲开发银行、亚洲开发银行、欧洲复兴开发银行、欧洲投资银行、泛美开发银行、世界银行、国际货币基金组织共同为发展委员会会议准备的报告）。

2. 在第一或第二损失机制下，协议的公众方同意在预先约定的金额范围内，承担第一笔或第二笔投资的损失。

3. 根据联合国的估计，到2050年，每年的花费可能高达4 500亿欧元。

4. 碳价格表明，碳消费包括外部性成本。

5. Camdessus et al.，*Eau*，p. 107.

6. 同上，pp. 139–40。

7. 同上，p. 140。

8. 参见，如，同上，p. 140–41:“我们怀疑实业家们只关心短期利润和对穷人的剥削，让他们想象有一天可能会为完全被剥夺的水资源付出高昂的代价。非政府组织会阻止我们进行自私自利的商业交易……私人银行家自然是无情的，他们会拒绝向新兴国家和发展中国家以及可能帮助这些国家发展的项目提供足够的资金，从而让机器停止运转……发展机构和其他公共银行家却对此感到不安。一方面，在为发展基础设施提供资金支持方面，他们处于领先地位，可以说，他们就是明星；另一方面，我们必须承认，他们的贡献多年来一直在稳定地下降....因此，政治家们显然是负责任的，或者不负责任的，因为他们从来没有把水资源作为优先事项，而这是我们灾难的根源。”

9. 同上，p. 141。

10. 同上，p. 8。

11. 同上，p. 9。

第五章　复活的离心力

1. 这种强有力的货币控制是通过半浮动汇率制和中央汇率（2015年8月贬值）来实施的，人民币可以在中央汇率 ± 2%的范围内变动。

2. 从购买力平价角度来看，中国是世界最大的经济体。

3. Marie Charrel，“Les gouvernements doivent agir pour restaurer la croissance” *Le Monde Economie*，January 14，2016，http://www.lemonde.fr/economie/article/2016/01/14/les-gouvernements-doivent-agir-pour-restaurer-la -croissance 4846974_3234.html. See a similar interview in English here:Dan Weil, “El-Erian: The Global Economy Needs Governments to Step Up,” Yahoo! Finance，June 7，2016，http://finance.yahoo.com/news/el-erian-global-economy-needs-

101500524.html.

4. Emmanuel Hache, "Fin de cycle sur les marches de matières premières: un nouvau paradigm économique et géopolitique?" IRIS Analyses, January 25, 2016, http://www.iris-france.org/70347-fin-de-cycle-sur-les-marches-de-matieres-premieres-un-nouveau-paradigme-economique-et-geopolitique/. 参见一篇类似的英文文章: Shelley Goldberg, "The End of the Commodity Super Cycle," *Wall St. Daily*, September 1, 2015, https://www.wallstreetdaily.com/2015/09/01/commodity-prices-super-cycle/。
5. 2016年的不确定性明显影响了美联储定期加息的意愿，给其他所有政策也增加了新的不确定性。
6. Mohamed El-Erian, *The Only Game in Town: Central Banks, Instability, and Avoiding the Next Collapse*（Random House, 2016）.
7. Chris Giles, "Fears on Global Downturn are Overdone Say Economists" Financial Times, March 7, 2016. https://www.ft.com/content/ ea13c478-e47b-11e5-bc31-138df2ae9ee6.
8. David Lipton, "Can Globalization Still Deliver? The Challenge of Convergencein the 21st Century"（Sixteenth Annual Stavros Niarchos Foundation Lecture at the Peterson Institute for International Economics, May 24, 2016）.
9. "Number of Conflicts, 1975–2016," Uppsala Conflict Data Program, accessed September 13, 2017, http://ucdp.uu.se/.
10. 欧洲歌唱大赛（Eurovision）是一年一度的泛欧歌唱比赛。
11. 相对而言，由于部分收益是由更加谨慎的消费者节省下来的，所以看起来汽油价格的下跌对经济增长的刺激比平常要少。

12. "The Plague of Global Terrorism," *The Economist*, November 18, 2015, http://www.economist.com/blogs/graphicdetail/2015/11/daily-chart-12.

13. 申根区由26个没有边境控制的欧洲国家组成。

14. "World Is Locked into about 1.5℃ Warming and Risks Are Rising, New Climate Report Finds," World Bank, November 23, 2014, http://www .worldbank.org/en/news/feature/2014/11/23/climate-report-finds-temperature-rise-locked-in-risks-rising.

15. "Signature de l'Accord de Paris sur le climat: une première étape nécessaire, mais pas suffisante, selon l'ONU", Centre d'actualités de l'ONU, April 21, 2016, http://www.un.org/apps/newsFr/storyF.asp?NewsID=37072#.V0LVFlmMfoc.

16. 同上。

第六章　失望与政治不稳定

1. Peter H. Diamandis and Steven Kotler, Abundance: The Future Is Better Than You Think (Free Press, 2012).

2. Antoine de Saint-Exupéry, *Wind*, *Sand and Stars* (Reynal and Hitchcock, 1939).

3. Ian Bremmer, "The Absence of Global Leadership Will Shape a Tumultuous 2016," Time, December 21, 2015, http://time.com/4154044/geopolitics-2016/.

第七章　十字路口的人类

1. Michel Cicurel, "La planète finance danse sur un fil" (The financial

world dances on a thread), *La Tribune*, January 30, 2007.

2. Lipton, "Can Globalization Still Deliver？"
3. 引用卡尔·马克思的话，"那些无视历史的人注定要重蹈覆辙"。*Communist Party* Manifesto，1847。
4. Nassim Nicholas Taleb，*The Black Swan: The Impact of the Highly Improbable*（Random House，2007）.
5. 1975年，在一次加入欧盟的全民公投中，联合王国的支持者们在竞选时提出，我们不能在世界上单独行动。这个论点在2016年得到了更多的应用!
6. 雅克·德·查伦达尔（1920—2015年）于1942年担任法国被占领土国家安全总监的特别顾问。与此同时，他也是抵抗运动的一员，并在1944年，就职于财政监察部。他于1973年成为监察长，并在1959—1962年担任国家经济发展银行（摩洛哥国家经济发展银行）副行长；1968—1969年，任埃德加·福尔（Edgar Faure）内阁顾问，国家教育部长；1984—1989年，任经济与金融技术发展协会（经济与金融技术交流发展协会）主席。
7. 在彼得森国际经济研究所于2016年5月24日召开的一次会议上，大卫·利普顿指出，即使中国近年来没有为全球带来大的经济刺激，但它仍对世界经济做出了贡献；一个如此大规模的国家每年增长5%，这相当于在全球的财富中增加波兰、印度、越南、孟加拉国、哥伦比亚、秘鲁甚至埃塞俄比亚等十几个国家的财富，也代表着其巨大的潜力。
8. 我创立了Blue like an Orange可持续发展基金，因为我想致力于连接这些需求和资源的工作。正如保罗·伊路亚德（Paul Éluard）所写，"地球是蓝色的，就像一个橘子，我们应当保护它"。

9. Mark Carney, “Breaking the Tragedy of the Horizon—Climate Change and Financial Stability”（speech given at Lloyd’s of London，September 29，2015）.
10. 同上。
11. “抓住你的运气，紧紧抓住你的幸福，奔向你的风险。他们越看你，他们就会越习惯。” René Char, “Mornings’Blush,” in Les Matinaux（Gallimard，1950）. 抵抗诗人的名字和我在法国国立行政学院（ENA）的毕业课上的名字是一样的——这是一个信号吗？
12. 这是我在法国的塞米斯社会时期从米歇尔·康德苏身上继承来的一种信仰。我们为经济、金融和工业部门起草了《震惊》（Sursaut）报告，一些天主教社会运动成员认为这份报告很极端。在面对抗议时，米歇尔引用了夏尔·佩吉（Charles Péguy）关于康德的道德观的内容：“康德主义有清白的双手，但它没有手。但是我们，我们有结茧的手，粗糙的手，干燥的手，有时，我们的手却没有空。”维克多-玛丽，雨果伯爵，1910年。我们不能在改变世界的同时不弄脏我们的手。我们唯一能控制的空间就是试着让双手肮脏而不是沾上污秽，去抓住真实的东西，同时尽量不要忘记我们的信念。
13. Badré, “Un banquier dans la tourment”，p. 113.

第八章　回到起点

1. 热罗姆·凯维埃尔于2000年夏天开始在法国兴业银行工作。他对2008年约49亿欧元的交易损失负有责任，后来被判违反信托、伪造和未经授权使用银行电脑。

2. 德国社会学家马克斯·韦伯（Max Weber）详细地讨论了“返魅”的思想。
3. 让·布瓦索纳与作者的个人交流。
4. “Sustainable Energy for All: Sector Results Profile,” World Bank，April 9，2014，http://www.worldbank.org/en/results/2013/04/10/sustainable-energy-for-all-results-profile.
5. 一级资本指定金融机构所持有的资金中最稳固的部分，即硬核。危机过后，监管机构将资本区分为三组（一级资本、二级资本、三级资本），以强调它们不同的价值，机构真正的资本——股本（核心一级资本）——应得到加强。
6. 清算所是充当买卖双方之间的中介的金融机构，作用是保证交易的交付和接收。
7. 一级资本指定金融机构所持有的资金中最稳固的部分，即硬核。从现在起，银行的一级资本充足率必须保持在7%（而不是危机前的4%），核心资本充足率必须保持在4%（而不是2%）。在经济繁荣时期，银行还必须保留2.5%的利润作为补充缓冲资本，实质上等同于向具有系统重要性的机构收取额外费用（而不是以分红或回购股票的形式进行分配）。
8. 总损失吸收能力是由债务工具组成的缓冲资本，债务工具可以很容易地转换为资本，以在遇到困难时保护纳税人。
9. 转换是银行业的核心，它涉及将短期资源（如存款）转化为长期用途（如住房贷款和基础设施贷款）。
10. Mark Carney and Bertrand Badré, “Keep Finance Safe but Do Not Shut Out the Vulnerable,” *Financial Times*，June 2，2015.
11. 同上：“当机构充当代理行时，它们依赖于当地的代理人来开发系统，以阻碍双方和犯罪分子交易或是转移非法资金。这些系统有时会失灵，而某些国际银行会提供账户和洗钱服务，它们可能是故意或者无意的，这种情况助长了贩毒集团和恐怖组织的活动。”

12. 今天，已经不可能再向索马里难民营转移资金，至少这样说是有问题的。
13. 区块链是安全的、分布式的数据库，它在没有中介的情况下可以在不同用户之间共享数据，并且包含自创建以来在这些用户之间所做的更改的历史。这个区块链系统允许每个用户在任何时候保证其事务的真实性和独特性。

第九章　游戏的新名字

1. “Seven Themes of Catholic Social Teaching,” United States Conference of Catholic Bishops，accessed September 13，2017，http://www.usccb.org/beliefs-and-teachings/what-we-believe/catholic-social-teaching/seven -themes-of -catholic -social-teaching.cfm.
2. Pope Francis, “Pope Francis: Stop the Culture of Waste,” On Faith，accessed September 13，2017，https://www.onfaith.co/onfaith/2014/04/21/pope-francis-stop-the-culture-of-waste/31766.
3. Pope Francis, “Address to Global Foundation Roundtable,” Vatican Radio，January 14，2017，http://en.radiovaticana.va/news/ 2017/01/14/pope_francis address_to_global_foundation_roundtable/ 1285625.
4. 消费者课堂（http://www.dolceta.eu/）还配备了一个有价值的工具——lafinancepourtous.com。这个网站是由法国国家教育部批准的大众兴趣组织公共金融教育研究所开发的。

5. Camdessus et al.，*Eau*，p. 154.

6. 同上，pp. 155–57.

7. Badré, “Un banquier dans la tourment.”

8. Carney, “Breaking the Tragedy of the Horizon.”

9. 参见拉里·芬克引用马特·特纳（Matt Turner）的话，“Here Is the Letter the World’s Largest Investor，BlackRock CEO Larry Fink，Just Sent to CEOs Everywhere,” Business Insider，February 2，2016，http://www.businessinsider.com/blackrock-ceo-larry-fink-letter-to-sp-500-ceos-2016-2。

10. Jean Favier，*De l’or et des épices. Naissance de l’homme d’affaires au Moye*n Âge（Gold and spices: The birth of the businessman in the Middle Ages）（Fayard，1987）.

11. Jean Favier，*Les Grandes Découvertes. D’Alexandre a Magellan*（The Age of Discovery: From Alexander to Magellan）（Fayard，1991）.

第十章　一场无声的革命正在进行

1. Bruno Roche and Jay Jakub，*Completing Capitalism: Heal Business to Heal the World*（Berrett-Koehler Publishers，2017）.

2. Rym Ayadi, “Word from IRCCF Director，Professor Rym Ayadi,” International Research Centre on Cooperative Finance，accessed September 13，2017，http://financecoop.hec.ca/en/research/.

3. Michael E. Porter and Mark R. Kramer，“Creating Shared Value,” Harvard Business Review，January–February 2011.

4. Shared Value Initiative，*Banking on Shared Value*：*How Banks*

Profit by Rethinking Their Purpose（Foundation Strategy Group，2014）.

5. 全球仍有约25亿人无法获得优质的银行服务。同上。
6. 参见 Social Impact Investment Taskforce，*Impact Investment*：*The Invisible- Heart of Markets. Harnessing the Power of Entrepreneurship*，*Innovation and Capitalfor Public Good*（G8 under British leadership，September 15，2014）。
7. Original translation from Pilot Group on Innovative Funding，*Comment encourager la philanthropie privée au service du développement？ Étude sur les modeles émergents*（Pilot Group on Innovative Funding，May 2012）.
8. 参见第十六章。
9. Social Impact Investment Taskforce，*Impact Investment.*
10. "RFF's Decision to Divest," Rockefeller Family Fund，accessed 9/13/2017，http://www.rffund.org/divestment.
11. Carney, "Breaking the Tragedy of the Horizon."
12. 同上。
13. Original translation from Gérard Mestrallet, "Le prix du carbone，une boussole pour les entreprises," Le Monde，April 16，2015.
14. Camdessus et al.，*Eau*，p. 143.
15. 同上。pp. 194–95。
16. Groupe de Travail présidé par Jean-Pierre Landau，*Les nouvelles contributions financieres internationales*（La documentation Française，n.d.），http://www.ladocumentationfrancaise.fr/var/storage/rapports-publics/044000440.pdf.

17. 原始译文参见“Financements innovants du développement：Les grandes étapes de la creation de la taxe de solidarité sur les billets d’avionet d’UNITAID,” foundation Chirac，http://www.fondationchirac.eu/wp-content/ uploads/Financements-innovants.pdf。
18. 由于雅克·希拉克和托尼·布莱尔签署了一项互助协议，“希拉克税”收入的10%被用于这个项目。
19. 建设高质量的交通基础设施是另一类问题，其成本要高得多，且需要不同的融资方式。参见第十五章。

第十一章　一个有待保护的奇迹

1. Nations Unies Assemblée générale，*Nous*，*les peuples*：*le role des Nations Unies au XXIe siecle*，Rapport du Secrétaire general（Nations Unies Assemblée general，2000），http://www.un.org/fr/documents/view_doc.asp?symbol=A / 54/2000.
2. 世界银行的建立可以追溯到1944年签署的《布雷顿森林协定》，该协定同时还创立了国际货币基金组织。这两家机构的共同目标是恢复全球经济，但它们肩负着不同的使命：国际货币基金组织的使命是维护国际金融稳定，而世界银行的使命是帮助发展。自1944年以来，世界银行已经从一个单一的机构扩大到由五个密切相关的机构构成的组织：国际复兴开发银行，建立之初受委托支持战后重建和发展（因此得名），现在该机构及其附属机构的职责是减少全球贫困；IDA；国际金融公司；多边投资担保机构；国际投资争端解决中心。
3. 爱丽舍宫是法国总统的官邸，类似于美国的白宫。

4. United Nations General Assembly，*We the Peoples*：*The Role of the United Nations in the Twenty-first Century*，Report of the Secretary-General（United Nations General Assembly，2000），http://www.un.org/fr/documents/view_doc.asp? symbol+A/54/2000.
5. G8在2014年俄罗斯吞并克里米亚后解散了。
6. 英国脱欧公投可能意味着重新进行这种分析！
7. 包容性增长的结果也是如此，就像我最近被邀请在酩悦・轩尼诗路易–路易威登集团（Moët Hennessy Louis Vuitton SE，简称MHLV）的年会上就不可能但却最终鼓舞人心的“奢华与发展”的主题发表讲话。
8. 参见Bertrand Badré，“Quand la Banque mondiale soulève le couvercle des cultures”（When the World Bank lifts the lid off cultures），interview with Alain Henry，Le Débat 2015/3，no.185，pp. 185–90：“我从来没有见过哪一个执行委员会像我今天所参与的这样多元化。从来没有！我习惯了由来自法国理工学院的毕业生组成的执行委员会。简而言之，来自同一所学校的白人男性，他们从小就信奉天主教，也有自己的普遍主义偏见。世界银行展现了真正的文化多样性，能在这里的自助餐厅吃饭真是太好了。整个世界都在你脚下。我不知道世界上还有什么地方可以看到同样的东西。”
9. 同上。

第十二章　尽管如此，是时候调整了

1. 这里必须特别向戈登・布朗致敬，他在2009年伦敦G20峰会上发挥了决定性的领导作用。

2. 1933年6月12日—7月27日，伦敦经济会议聚集了来自66个国家的代表，他们决心重新启动在1929年金融危机和1931年英镑贬值中严重受损的全球经济。当时，美国总统罗斯福甚至还没有规划行程，但他反对达成一项具体由法国推动的货币汇率稳定协议。建立在黄金体系基础上的国际货币体系随后崩溃，重新引发了全球性的危机。
3. 法语“Depuis le temps que nous multiplions les rendez-vous galants, il est temps d’aller conclure au lit！”
4. 我把它称为“P_4C”。参见第十六章。
5. http://news.xinhuanet.com/english/2016-05/22/c_135377957.htm.
6. 监测《2030年可持续发展议程》执行情况的一种方式是，让G20领导人在可持续发展工作小组内部重组发展工作组。这样做体现了对可持续发展目标的普遍承诺，通过确定一套优先事项和指导原则，并依靠各国根据证据和数据自愿陈述其进展情况，即G20相互评估的过程，跟踪各种增长战略和结构性改革方案，这种体制创新将加强评价各国责任的现有制度。
7. 多边开发银行包括非洲开发银行、亚洲基础设施投资银行、亚洲开发银行、欧洲复兴开发银行、欧洲投资银行、美洲开发银行、伊斯兰开发银行、新开发银行和世界银行。
8. Badré, “Quand la Banque mondiale soulève le couvercle des cultures.”
9. “Chairman’s Statement—Global Infrastructure Forum 2016,” World Bank，April 16，2016，http://www.worldbank.org/en/topic/publicprivate partnerships/brief/chairmans-statement-global-infrastructure-forum-2016.
10. Carney, “Breaking the Tragedy of the Horizon.”

11. "Carbon Pricing: Building on the Momentum of the Paris Agreement," World Bank，April 15，2016，http://www.worldbank.org/en/news/feature/2016/04/15/carbon-pricing-building- on-the-momentum-of-the-paris-agreement.

第十三章　可以将多边开发银行作为实验室吗

1. 优惠贷款是一种以非常低的利率（优惠利率）进行展期的融资形式，不受商业银行和其他贷款机构传统担保要求的约束。优惠贷款为借款人提供了许多与担保和利率有关的优势：当以前的利率很低或为零时，或当借款人获得临时减免或延期还款时，贷款中包含了"捐赠"的因素。
2. 自IDA创建以来，捐助国筹集了超过2 500亿美元的资金，或接近国际复兴开发银行所贡献资金的20倍，或国际金融公司的100倍以及多边投资担保机构的600倍。
3. 相比之下，国际金融公司、国际复兴开发银行和多边投资担保机构总共获得了650亿美元。尽管这些资金的性质并不完全相同，但它表明捐助者在几十年里提供了大量资金。
4. 更多关于流行病的内容参见第五章。
5. 所有的多边开发银行都要进行评级。评级机构考虑的一个关键问题是，这些机构在其信贷组合中的风险敞口集中程度。从本质上讲，由于主权债券的数量有限，所有多边开发银行的投资组合都很集中。当然，这并不能完全与商业银行使用的各种集中度相比，但两者有相似之处。而风险的覆盖方法也不能以相同的方式应用。因此，我们的想法是转向衍生产品，并实现涉及不同银行以合成方式交换部分敞口的交易。

第十四章　收缩或拓展开发性金融的边界

1. 关于慈善团体，参见Matthew Bishop and Michael Green，*Philanthrocapitalism*（Bloomsbury Publishing，2008）。

2. 如果我在此关注世界银行，那是因为我在那里获得了经验。分析可以应用于大多数多边开发银行：它的模型由于其成本基础不同（世界银行的成本收入比率大幅走高，部分原因是银行必须考虑到全球公共产品），甚至相对重要性赋予公共或私营部门的参与，但是，这些机构有很多共同点，尤其是它们的使命和地位。

3. 溢出效应和回流效应衡量的是一个国家的决定对另一个国家的影响，反之亦然。

4. 它们的利润率为几十个基点，即几个0.1%，而前者为数百个基点，即几个1%。

5. 参见Development Committee，*From Billions to Trillions*："国内资源调动已成为资助国家发展计划的越来越重要的手段。考虑到积极的增长趋势，2012年新兴和发展中经济体的国内资源调动总额为7.7万亿美元。换句话说，与2000年相比，发展中国家的国债每年增加了6万亿美元，从而有助于减少它们对援助的依赖，并提高了很多国家的偿付能力。"

6. 同上。"为实现可持续发展目标所需的投资提供资金，需要国际社会将支持的规模从数十亿美元的公共发展援助调整为数万亿美元的各类投资：人力和物力投资，以及利用公共和私人、国家和国际采购。事实上，可持续发展目标要求从公共发展援助的1 350亿美元开始，捐赠的每一美元都要尽可能明智地使用。但这也涉及个人捐款、移民汇款、南南流动、其他形式的公共援助和直接外国投资。为了达到预期的水平，还必须调动两个主要的筹资来源：每个国家的内部资源，因为这是大部分开发性支出流入的地方，以及有实际潜力获得额外资金的筹资和私人投资者筹资。”

7. Camdessus et al.，*Eau*，p. 205. 可以采取不同的形式来担保，但担保最终都是一样的：为项目外部的机构提供担保，使项目开发人员能够应对超出其当前财务状况的特定风险，并使项目融资或降低成本成为可能。
8. 国际金融公司或多边投资担保机构最近因不利环境的影响而需做出的调整比预期要小：从金融模式的角度来看，这些机构更先进，特别是因为它们与私营部门的联系更密切。
9. 对国际复兴开发银行来说，这已经成为一种自我实现的预言，尤其是它面临着每年150亿美元的承诺开始减少的风险。
10. 同样，这种观察较少适用于国际金融公司和多边投资担保机构。
11. 银行必须赢利，即便你的系统因信托基金等工具而变得更加复杂也是如此。
12. Development Committee，*From Billions to Trillion.*
13. 这包括银团贷款、资产管理公司子公司（股本）的融资、管理联合贷款组合计划（这涉及债务）贷款、近期出现的和创新性的贷款，涉及与外部投资者合作的贷款。这两种方法巧妙地结合起来，为系统性的调动工作铺平了道路。
14. 参见*the Doing Business* report published each year by the World Bank。
15. Camdessus et al.，*Eau*，p. 209.
16. 同上。“金融市场的建立不是一个即兴创作的场所。这是一个最优秀的领域，发达国家的技术援助节省了宝贵的时间，避免了最初的错误，这可以加速培训当地的行动者，并通过在法律、透明度、流动性、准入平等等方面已被证明的操作规则。”

17. 发展新兴国家金融市场的一个途径是向本国和国际投资者出售以本国货币计价的债券。

第十五章　发挥金融的黏合剂作用

1. Camdessus et al.，*Eau*，pp. 153–54.
2. 同上，*Eau*，pp. 227–28。
3. 同上，p. 234。
4. 同上，pp. 235–36。
5. https://ppp.worldbank.org/public-private-partnership/library/ppp-massive-open-online-course-how-can-ppps-deliver-better-services.
6. 德维尔潘在2003年2月14日的演讲中，强调了伊拉克危机的责任和影响，在场听众为之起立鼓掌。“Statement by France to Security Council,” *New York Times*，February 14，2003，http://www.nytimes.com/2003/ 02/14/international/middleeast/statement-by-france-to-securitycouncil.html.
7. Groupe de Travail présidé par Jean-Pierre Landau，*Les nouvelles contributions financières internationales*（La documentation Française，n.d.），http://www.ladocumentationfrancaise.fr/var/storage/rapportspublics/ 044000440.pdf.
8. Camdessus，*Le sursaut*.

第十六章　付诸实践的原则

1. 辛迪加是一种允许银行与其他金融机构共享贷款的技术，从而减少对自身资产负债表的影响。

2. Development Committee，*From Billions to Trillions*.
3. 同上。
4. 同上。
5. 总部位于悉尼的全球基础设施中心，是G20在支持全球基础设施倡议（Global Infrastructure Initiative，一个旨在提高公共和私人基础设施投资质量的多年计划）的框架内设立的，被视为该计划的中心。它的目标是鼓励所有行动者——政府、私营部门、开发银行和国际组织之间的合作和信息交流，以改进基础设施市场的功能和筹资。
6. 我现在担任这个平台的名誉主席，这个平台是世界经济论坛和经济合作与发展组织的合资企业，由瑞典国际开发合作署和美国国际开发署以及花旗银行和三井住友银行赞助。它汇集了双边和多边机构、银行、投资者、赞助商和非政府组织等。
7. 可口可乐公司（巴西）发起的集体计划就是共享价值方法中最卓越的一个例子。通过这个与当地非政府组织合作设计的项目，该公司为几千名陷入困境的青少年提供了为期两个月的销售培训，为他们找到第一份工作提供了一个跳板。与此同时，这些年轻人在他们实习的商店里卖出了更多的碳酸饮料，并被要求思考如何改进库存管理、促销、营销等等。这项投资在两年内就获利。通过严格衡量这些结果，子公司能够说服母公司将试点项目扩展到巴西周围150多个低收入社区。5万多名年轻人通过集体计划接受培训，其中30%的人找到了为可口可乐或其合作伙伴工作的第一份工作。
8. 达能社区计划始于达能首席执行官弗兰克·里布（Franck Riboud）与乡村银行（Grameen Microcredit Bank）行长、2006年诺贝尔和平奖得主穆罕默德·尤努斯的一次会议。由于他们的共同信念和互补的技能，他们决定联合起来成立一家新公司——格莱珉-达能食品公司（Grameen Danone Foods）。他们的目标是在孟加拉国建立一个酸奶工厂，既能赢利，又能促进当地发展。更进一步，达能决定推出一种创新的金融工具——达能社区，向所有人开放，旨在鼓励社会企业的发展。这只开放式共同基金成立于2007年，由法国农业信贷银行负责管理和营销，它有一条明确的道路：通过在孟加拉国建立其他工厂来开发格莱珉-达能食品公司；协助世界其他地区（如今天的塞内加尔和柬埔寨）其他符合达能使命的社会企业的发展；透过原有的商业模式，与其他本地行动者或非政府机构建立伙伴关系；并通过达能社区将所有参与该项目的人聚集在一起，包括有兴趣为其投资组合带来团结感的投资者。

9. 国际金融公司与中国银行业监督管理委员会（CBRC）于2012年5月在北京联合举办了首届绿色信贷国际论坛（简称"国际绿色信贷论坛"）。更多内容参见"Sustainable Banking Network," IFC, accessed September 15，2017，http://www.ifc.org/wps/wcm/connect/Topics_Ext_Content/IFC_External_Corporate_Site/IFC+Sustainability /Partnerships/Susatainable+Banking+Network/。
10. Development Committee，*From Billions to Trillions*. "2013年，多边开发银行承诺投入的金额超过280亿美元，以鼓励发展中国家和新兴经济体采取气候行动，这使过去4年的承诺总额超过了1 000亿美元。"
11. Camdessus et al.，*Eau*，pp. 143–44.
12. 同上，pp. 147–48。

13. 同上，pp. 247–48。

14. 同上，p. 248。

15. 同上，pp. 187–88。

16. 主岛瓜达康纳尔岛是1942年美国和日本之间那场著名战役的发生地，泰伦斯·马力克（Terrence Malick）在1998年的电影《细细的红线》（*The Thin Red Line*）中使其名垂千古。

17. 我在波利尼西亚完成了自己的兵役，我记得当时的任务是阻止中国、韩国和日本的拖网渔船从法国领海囤积鱼类。

18. 2013年，国际金融公司为金枪鱼包装厂提供了1 000万美元的贷款，专门用于购买新设备（冷藏室、改善员工住房等）。更多内容参见“Saving Tuna：IFC Provides $10 Million Loan to Soltuna in Solomon Islands,” IFC，accessed September 14，2017，http://www.ifc.org/wps/wcm/connect/news_ext_content/ifc_external_corporate_site/news+and+events/news/ifc +provides +% 2410+million+loan+to+soltuna+in+solomon+islands。

19. 从澳大利亚到霍尼亚拉，我需要乘坐数小时的飞机和一小时的汽车才能到达。

结论　选择在我们手中

1. 更多内容参见Thomas Friedman，The World Is Flat（Farrar，Straus，and Giroux，2005）。

2. Jean Giraudoux，*Tiger at the Gates*，trans. Christopher Fry（Oxford University Press，1955）.

3. Camdessus et al.，*Eau*，p. 115.

致谢

我想要在本书的结尾感谢那些在我近30年的金融职业生涯中帮助过我的人。

感谢我的老板们。首先感谢菲利普·萨拉（Philippe Sala），是他给了我信心；然后感谢我在电子公司BFI、法国财政部、拉扎德银行、爱丽舍宫、法国农业信贷银行、法国兴业银行、世界银行和Blue like an Orange可持续发展基金工作时的团队。我还要感谢法国社会基金会，感谢米歇尔·康德苏。

感谢埃马纽埃尔·马克龙总统。我很荣幸并且很高兴能够当面和他一起讨论书中的大部分话题，并感谢他为本书作序。

感谢英国前首相戈登·布朗。他是2008年和2009年经济局势的主要缔造者，也是一位后危机时代的思想家，同样感谢他为本书作序。

感谢《水》、新国际金融捐赠机构和《法国的觉醒》（*Le sursaut*）团队的同事。他们身上体现了诚信、善意和深思熟虑的精神的价值，以及解决复杂问题并达成一致的精神。

感谢所有非政府组织的工作人员，感谢国际组织和发展机构的负责人、中央银行和商业领袖，感谢近年来为人类的共同利益而工作的所有人。由于他们的帮助，我的思想得以成形。特别感谢史蒂夫·霍华德（Steve Howard）和全球基金会（Global Foundation）团队的同事，在过去几年里，我与他们进行了广泛的交流。我在书中提到了他们中的一些人的想法，感谢他们的分享。

感谢所有欢迎我进入他们国家的人。他们帮助我理解了我所提到的发展的复杂性、需求的巨大性和无限的可能性。我想对这些更美好的世界的建筑师说："为你们鼓掌！"

感谢克劳斯·施瓦布（Klaus Schwab）教授和世界经济论坛的工作人员。他们委托我担任国际治理、公私合作和可持续发展全球未来理事会的联合主席，以及可持续发展投资伙伴关系的名誉主席。这些讨论的场所对这本书产生了相当大的影响。

感谢亚当·波森和奥利维尔·布兰查德（Olivier Blanchard）。他们邀请我在彼得森国际经济研究所主持了几个月的会议，并敦促我写下我的想法。没有他们，这本书就不会完成。在一个需要良好判断力的时候，我在他们身上发现了开放和友好的好奇心氛围，这对我来说何等幸运。

感谢所有对Blue like an Orange可持续发展基金感兴趣的人。他们也认为金融可以改善世界，而不仅仅是改变世界的底线。

感谢Blue like an Orange可持续发展基金团队。他们帮助我让这本书的内容付诸实践。特别感谢阿米尔·贝格（Amer Baig）在编辑和审阅英文版本的手稿时的耐心和对我的支持。

我还要特别感谢让·盖特（Jean Guyot）、让·博伊索纳特（Jean Boissonnat）和米歇尔·阿尔伯特（Michel Albert）。他们和我一起讨论了这本书中提出的问题，他们总是在支持我。

最后，我想对埃马纽埃尔和皮埃尔表示感谢，我的两位叔叔引领我探索金融的秘密，并指导我跨出了第一步，而我却太早失去了他们。

关于作者

伯特兰·巴德尔是Blue like an Orange可持续发展基金的首席执行官和创始人，这是一家目标为实现市场水平的财务回报的同时实现值得信任的、可持续的发展成果的投资基金。

此前，伯特兰曾担任世界银行常务董事兼首席财务官，他在世界银行领导了一系列重要的改革，并在G20和金融稳定委员会等多个国际论坛上代表世界银行出席。在加入世界银行之前，伯特兰曾是全球两大顶尖金融机构——法国农业信贷银行和法国兴业银行的首席财务官。他帮助法国兴业银行和法国农业信贷银行度过了金融危机。在加入法国农业信贷银行之前，伯特兰曾是巴黎拉扎德银行的董事总经理，是金融服务集团的负责人。

2003年，伯特兰受邀加入时任法国总统的雅克·希拉克的外交团队，并密切参与了在法国举行的G8峰会的筹备工作。在这一领域，他还担任过总统的非洲事务副代表，以及新国际金融捐赠工作小组的发言人，该工作小组负责制定《兰多报告》。2002年，他成为世界水资源基础设施融资委员会的成员，该委员会的主席是国际货币基金组织前总裁米歇尔·康德苏。

而在加入拉扎德银行之前，伯特兰曾在法国财政部任职，在那里他领导了法国国家审计署的一系列控制、审计和咨询任务。1989年，伯特兰开始了他的职业生涯，当时他是电子公司BFI-IBEXSA助理小组的负责人，这是一家法美合资公司，现在是安富利公司的一部分。

伯特兰曾担任多家董事会的董事，包括法国私募并购基金欧瑞泽的监事会、欧力胜集团的董事会，以及法国主要地区性报纸集团法兰西西部报（Ouest-France）的多个董事会。他也是法国农业信贷银行和法国农业信贷银行部分子公司的董事会代表。他还是位于多伦多的一家加拿大主要的金融科技公司Wealthsimple的董事会成员，同时也是总部位于欧洲的未来资本公司（Future Capital）的非执行董事长。

伯特兰是新成立的国际水务银行（International Water Bank）咨询委员会成员，也是总部位于巴黎的可持续发展和国际关系研究所（Institute for Sustainable Development and International Relations，简称IDDRI）的成员。他还是法国–美国基金会的董事会成员、辛辛那提协会的荣誉会员、美国德国马歇尔基金会成员。同时，他还是世界经济论坛及国际治理、公私合作和可持续发展全球未来理事会的联合主席。

伯特兰曾在多所学校任教，并著有多部著作。他毕业于法国国家行政学院（ENA）和巴黎政治大学。他曾在巴黎第四大学学习历史，毕业于巴黎高等商学院。伯特兰的妻子是凡妮莎（Vanessa），他们有4个孩子，目前居住在华盛顿。